LEIPZIGER DRUMHERUM

BERND HOFFMANN

LEIPZIGER DRUMHERUM

52 ORTE, DIE DER LEIPZIGER GESEHEN HABEN MUSS, EHE ER DIE WELT BEREIST

EIN BREVIER

PRO LEIPZIG 2024

IMPRESSUM

Bernd Hoffmann: Leipziger Drumherum.
52 Orte, die der Leipziger gesehen haben muss, ehe er die Welt bereist.
Erschienen beim Pro Leipzig e. V.,
Bernhard-Göring-Straße 152, 04277 Leipzig

Abbildungen (Aquarelle und Fotos):
Bernd Hoffmann
Satz, Gestaltung, Scans und Bildbearbeitung:
Vivien Hoffmann
ISBN: 978-3-949586-13-2

INHALT

IN DEN WERMSDORFER WALD

Wälder ziehen uns Menschen seit jeher als Orte der Ruhe und Besinnung magisch an. Der Wermsdorfer Wald zwischen Wurzen und Oschatz, der sich auf einer eiszeitlichen Grundmoräne dem Siedlungsdruck seit Jahrtausenden erfolgreich entgegenstemmte, ist so ein idealer Rückzugsort, der allerdings auch seine Geschichte hat: 4 000-jährige bronzezeitliche Hügelgräber (Bild 1) am Doktorteich und bei Sachsendorf, slawische und frühdeutsche Grabungsfunde am Kirchteich, überhaupt die zur Fischzucht von den Mönchen des Servitenklosters in Mutzschen im 15. Jahrhundert angelegte Teichlandschaft (Bild 2), die den Wald querende alte Poststraße (Bild 3) von Leipzig über Wermsdorf nach Dresden oder das im 17. Jahrhundert erbaute sächsisch-kurfürstliche alte Jagdschloss August des Starken (Bild 4) sowie dessen Nachfolgebau, das neue Jagdschloss Hubertusburg – all das erschließt sich dem aufmerksamen Wanderer neben einem erfrischenden Bad oder erfolgreichen Pilzfunden unmittelbar vor unserer Haustür. Und nicht vergessen, Mutzschen einen Besuch abzustatten: ein Städtchen, dem im Mittelalter, wenn auch nur mit 300 Einwohnern, doch Stadtrecht zugesprochen wurde, wegen seiner Lage an einem Nebenzweig der „via regia“, deren Reisende dort durch eine Burg geschützt und in einem Kloster beherbergt werden konnten.

Ausgangspunkt kann die Gaststätte Waldhof (Bild 5) an der B6 sein, die den Älteren noch als „Milchbude“ bekannt ist, weil hier in der Zeit der Weltwirtschaftskrise der 1920er Jahre ein Meltewitzer Bauer Milch an die vorbeiradelnden Arbeitslosen verkaufte, ehe sich das Gasthaus etablierte.

1 Bronzezeitliche Hügelgräber

2 Doktorteich

3 Alte Poststraße, Halbmeilensäule

4 Wermsdorf, Altes Jagdschloss

5 An der B 6, Gaststätte Waldhof

AM KOLLAUER WEHR

Bereits vor über 600 Jahren wurde zur Regulierung des Wasserstandes für die Eilenburger Stadtmühle der Bobritzer Damm (Bild 1) bei Kollau in die Mulde geschüttet. Damit war auch bei Niedrigwasser der Mahlbetrieb gesichert und Hochwasser von der Mühle abgehalten. Alle Mühlen an Flüssen funktionieren nach diesem einfachen Prinzip, um die Brotherstellung zu garantieren: Mahlgerinne und Flutgerinne.

Das Kollauer Wehr ist ein spiritueller Ruheort für Jedermann, obwohl oder gerade weil dort die Wassermassen ohrenbetäubend fast drei Meter in die Tiefe stürzen. Nichts hält von den eigenen Gedanken ab, nichts stört, man ist ganz bei sich. Allerdings wurde die gefährliche Unterstrudelbildung vor Jahren durch eine auch etwas leisere Wasserrutsche gemildert, um übermütigen Wasserkanuten die Abfahrt zu erleichtern, und gleichzeitig eine Fischtreppe eingebaut, die das Aufsteigen von Laichfischen wie Lachse u. a. ermöglicht.

Da der Fluss auch Geröll aus dem Erzgebirge transportiert, das sich an Schotterbänken ablagert, kann man mit etwas Glück seltene Mitbringsel finden, z. B. Halbedelsteine wie Amethyste oder Achate (Bild 2), oder im Sommer an den sandigen Steilabbrüchen des naturnahen Flusses die Brutröhren der Uferschwalben oder Bienenfresser (Bild 3) sehen.

Ein Anmarsch von 2,8 Kilometern empfiehlt sich von der Eilenburger Stadtparkseite her, der gleichsam als Planetenwanderweg spannende Informationen über unser Sonnensystem anbietet.

1 Kollauer Wehr

2 Achat

3 Bienenfresser

WO PLAUSSIG ERSTERWÄHNT WURDE

1275 wurde das zwei Jahre vorher in Nimbschen bei Grimma gegründete Kloster „Mariathron“ (Bild 1), in dem die nicht zu verheiratenden, adligen jungen Frauen der Umgebung ihr Auskommen erhielten, mit Einnahmen und Abgaben aus dem Dorf Höfgen am anderen Muldeufer ausgestattet. Dieser Verkauf wurde auf dem Grimmaer Amt in damaliger Ermangelung eines Notariats von ehrenwerten Herren der Umgebung besiegelt, unter anderen von Theodor von Plaußig. Damit ging auch eine indirekte schriftliche Ersterwähnung des Dorfes Plaußig einher, das 2025 seine 750-Jahrfeier veranstalten kann.

Aus diesem Kloster entwich später mit anderen Nonnen eine Katharina von Bora, die hier als junges Mädchen fehlender heiratsfähiger, standesgemäßer Männer wegen, deren es zur damaligen Zeit durch Fehden und Kriege stark ermangelte, ihr Dasein fristen sollte. Sie testete später den großen Reformator Dr. Martin Luther, der u.a. auch das Zölibat katholischer Geistlicher in Frage stellte, auf die Tragfähigkeit dieser Forderung und wurde im Juli 1525 in Wittenberg tatsächlich zur Katharina Luther.

Das Kloster wurde nach der Reformation ohnehin aufgehoben. Die Gebäude wurden als Steinbruch sowie landwirtschaftlich genutzt. Mit der Seilfähre (Bild 2, nicht im Winter) überqueren wir die Mulde und gelangen in ein mittelalterliches Dorfensemble aus Fachwerkhöfen, einem romanischen Kirchlein (Bild 3), vor Hochwasser geschützt auf einem Fels, einer Wassermühle und einer gemütlichen Gaststätte: Höfgen. Es ist ein nicht nur geschichtsträchtiges, sondern auch landschaftlich reizvolles Ausflugsziel – allerdings nur außerhalb der Spitzenzeiten an Feier- und anderen Tagen.

1 Kloster Nimbschen

2 Fähre Höfgen

3 Höfgen, Kirche

FRIEDRICHSHÜTTE – GLÜCK IM PECH

Pechhütten sind ein historisches Markenzeichen der Dübener Heide, denn hier traf das Bedürfnis nach Pech als Wagenschmiere für die auf der „via imperii“ zahlreich verkehrenden Fuhrwerke auf die Möglichkeit seiner Befriedigung: Kieferheiden mit viel „Schmeerholz“, harzreiche, verschwelbare Knorren. So auch bei Kossa, einem Dorf mit einer romanischen Lesesteinkirche (Bild 1), zwischen Bad Düben und Bad Schmiedeberg gelegen.

1688 überließ der Pechsieder Döring seinem Schwiegersohn Tobias Schlobach als Mitgift die heruntergekommene Pechhütte, welche dieser mit viel Geschick, aber auch mit viel Streiterei mit den Forstbehörden, wieder auf Vordermann brachte, wie auch die dazugehörende kleine Landwirtschaft. Generationen später war es Friedrich Schlobach (1801–1851) gelungen, durch Destillation der Schweldämpfe Terpentin, einen für die Farben- und pharmazeutische Industrie notwendigen Zusatzstoff, herzustellen – eine Revolution des Teerbrennens, welche ihm natürlich neben Wohlstand auch Anerkennung brachte. Der Sächsische Kurfürst besuchte die Stätte ebenso wie Kaiser Napoleon, wenn dieser auch eher das besondere Umfeld für seine Schlachtpläne inspizierte. Die nach Friedrich benannte Pechhütte wurde als Deutschlands Letzte bis 1952 betrieben (Bild 2), aber Kapitalanlagen der Familie Schlobach finden wir heute noch in der 1907 erworbenen Schlossmühle Rochlitz an der Mulde oder dem 1920 errichteten kleinen Gut Schlobachshof in der Leipziger Elster-Luppe-Aue, welches leider einer ungewissen Zukunft entgegengeht. Geblieben ist der schöne, im erweiterten Herrenhaus untergebrachte Landgasthof „Friedrichshütte“, der als Ausgangspunkt oder Ziel für Wanderungen (Bild 3) beliebt ist und neben Kost auch Logis anbietet.

1 Kossa, Kirche aus dem 13. Jahrhundert

2 Kossa, Friedrichshütte, alter Pechofen, errichtet 1851

3 Wanderwege

WECHSELBURGER GESCHICHTE(N)

Wechselburg, das kleine Landstädtchen mit seiner berühmten Basilika, liegt im südlichsten Zipfel Nordsachsens, am Fuße des Rochlitzer Berges sowie an der Zwickauer Mulde, und erhielt seinen heutigen Namen nach einer langen Geschichte erst nach der Reformation. Und zwar so, dass 1168 Markgraf Dedo von Groitzsch, der Ursachse, als Dedo V., Graf von Wettin, im damaligen Ort Zschillen ein Augustinerchorherrenkloster als seine Grablege erbauen ließ (und bezog), das 1278 zum Deutschen Orden und nach der Reformation säkularisiert an den sächsischen Herzog Moritz kam. Dieser wiederum tauschte, also wechselte es gegen die den Schönburger Herren gehörenden, an der böhmischen Grenze des Elbsandsteingebirges liegenden Orte Hohnstein, Rathen und Wehlen ein und benannte Zschillen kurzerhand in Wechselburg um. Ein Denkmal an der 1846 errichteten Muldebrücke erinnert daran (Bild 1, 4).
Die Schönburger bauten auf den nach dem Dreißigjährigen Krieg hinterlassenen Klosterruinen ein Barockschloss, in dem 1843 Sachsens erstes Diakonissenkrankenhaus eingerichtet wurde, während die Klosterkirche (Bild 2) mit ihrem wunderbar erhalten gebliebenen romanischen Lettner (Bild 3) nach der Rekatholisierung der Schönburger Grafen (ein Eklat im protestantischen Sachsen!) wieder katholische Pfarr- und Wallfahrtskirche, nach der Enteignung im Ergebnis des Zweiten Weltkrieges sogar wieder römisch-katholisch, seit 1992 als Filiale des Ettaler Klosters Benediktinerabtei und später auch auf päpstlichen Beschluss Basilika wurde – eine ebenso wechselvolle Geschichte.

Von der Muldebrücke und an der Großmühle vorbei gelangt man über die Pfarrstiegen zum Markt, kann sich an zahlreichen Fachwerkhäusern erfreuen (Bild 5), die Schönheiten des Schlossparkes mit Tulpen-, Trompetenbaum u. a. wertvollen Gewächsen genießen sowie die am Flussufer in Richtung Rochlitz gelegene Lourdes-Grotte „Zur Heiligen Maria“ (Bild 6) zum Bitte oder Danke sagen für Rettung aus Not, Krankheit, ausbleibendem Kindersegen und anderen Beschwerden in Anspruch nehmen.

1 Tauschdenkmal

2 Wechselburg, Stiftskirche

3 Wechselburg, Stiftskirche innen

4 Wechselburg, Muldebrücke

5 Wechselburg, Stadt

6 Wechselburg, Lourdes-Grotte

RUNDBLICKE

Wenige Kilometer südöstlich von Wurzen liegt das kleine Dorf Pyrna, das als Besonderheit einen 12 Meter hohen Aussichtsturm auf einem sanften Hügel besitzt, der nicht nur Orts-, sondern auch Regionalgeschichte geschrieben hat. Erbaut im Jahre 1911 vom Burkhartshainer Rittergutsbesitzer C. W. Wießner zunächst als Ruhesitz für seinen Vater, später umbenannt in Johannas Höh (Bild 1) in Erinnerung an seine verstorbene Frau, wurde er auch zum Wahrzeichen der von 1952 bis 1990 herausgegebenen „Heimatschrift für Geschichte, Natur und Kultur von Nordwestsachsen zwischen Collm und Mulde" unter Federführung des Hohburger Lehrers Manfred Müller mit seinem Team: „Der Rundblick". Die vom Kulturbund der DDR geförderten Mitteilungshefte standen in dieser Zeit ganz in der Tradition der Mitteilungen, der berühmten „Grünen Hefte", des Landesvereins Sächsischer Heimatschutz, der, 1908 gegründet, sich sowohl Naturschutz – er erwarb u. a. die schützenswerten Flächen des Zechengrundes bei Oberwiesenthal, wie die Geisingwiesen – als auch Heimatgeschichte, Denkmalpflege und Volkskunde auf die Fahne schrieb in einer Zeit, in der große Gefährdungen dieser Werte durch die Industrialisierung des Landes drohten. Unter dem Naziregime gleichgeschaltet, wurde er 1949 enteignet, erst 1990 neu organisiert und veröffentlicht nun wieder seine 1940 eingestellten „Grünen Hefte". Der „Rundblick" überbrückte diese Periode hervorragend, wenn auch nur für Nordsachsen.

Manfred Müller brachte noch allein gute Heimatliteratur heraus, ehe auch diese Ära zu Ende ging. Jährlich am Freitag nach dem Johannistag findet ein musikalisch und gastronomisch umrahmtes Turmfest am ganzjährig geöffneten Turm in Pyrna statt. Einfach mal hinfahren!

1 Pyrna, Johannas Höh

SIEBEN JAHRE KRIEG – UMSONST

Im von 1756 bis 1763 Europa und die halbe Welt umspannenden Siebenjährigen Krieg, in dem Preußen mit England gegen Österreich, Russland, Frankreich und u.a. auch Sachsen um die Neuaufteilung Europas und der Welt stritten, blieb am Ende, zumindest für Sachsen, alles beim Alten. Preußen wollte Böhmen einnehmen sowie das 1740 eroberte Schlesien den Österreichern nicht wieder abtreten und diese wiederum Sachsen nicht an die Preußen verlieren. Doch es ging nicht nur um territoriale Gewinne in Europa, sondern auch um Kolonien und um Einfluss in Nordamerika, Indien und Afrika.

Die letzte große Schlacht fand am 3. November 1760 in Süptitz bei Torgau statt, wo fast gleich stark über Hunderttausend Preußen und Österreicher aufeinander trafen. Erstere drohten zu unterliegen – Friedrich dem Großen, selbst an der Front, wurden zwei Pferde unter dem Leib weggeschossen, er selbst verwundet –, die Österreicher packten schon ihren Kram ein und sandten einen Siegesboten nach Wien, da kam „Zieten aus dem Busch"! Dieser kleine märkische „Warlord" aus Wustrau, der sich in der unübersichtlichen Lage des Schlachtfeldes zwischen Hügeln, Waldstücken und Morasten verfranzt hatte, überritt mit seinen Husaren die feindlichen Kanonen, drehte sie und den Sieg schließlich noch von 18 bis 21 Uhr um. Es war mit einem Drittel Toter der über 100000 teilnehmenden Soldaten die blutigste Schlacht des gesamten Krieges.

Nach letzten Gefechten bei Freiberg wurde auf Schloss Hubertusburg (Bild 1) der oben genannte Frieden ausgehandelt, den

Friedrich der Große auf Schloss Dahlen (Bild 2), wo er residierte, unterzeichnete. Später ließ er in Erinnerung an jene denkwürdige und doch so sinnlose Schlacht eine Gedenksäule in Süptitz errichten (Bild 3). Diese kann man besichtigen, während Schloss Dahlen nach einem Brand im Jahre 1972 und Hubertusburg nach der Herauslösung der psychiatrischen Klinik wieder einmal auf bessere Zeiten hoffen.

1 Wermsdorf, Schloss Hubertusburg, erbaut 1720 bis 1728

2 Dahlen, Schloss

3 Süptitz, Denkmal zur Schlacht von Torgau 1760

DER THÜMMLITZWALD

Südlich von Grimma erstreckt sich an der Muldevereinigung bei Sermuth auf 1500 Hektar Größe der Thümmlitzwald, ein vom Tharandter Forstwissenschaftler Heinrich Cotta Anfang des 19. Jahrhunderts mit Flügeln und Schneisen vorbildlich angelegter und damit auch ältester Forstwald, dessen kulturhistorische Geschichte aber schon viel früher begann. Jungsteinzeitler stellten vor 7000 Jahren Hinkelsteine, also Wegweiser, auf den höchsten Punkt des damals noch kaum bewaldeten Siedlungsgebietes auf, wie der mit 5 Metern größte Menhir in Sachsen (Bild 1). Bronzezeitler hinterließen Hügelgräber bei Maaschwitz und unter August dem Starken war er ein beliebtes Jagdrevier, wovon noch der Wettinplatz, wo bei Hofjagden das Frühsück eingenommen wurde, zeugt. Aber Wald und Wild reichten nicht aus, die Jagden hoffähig zu gestalten; der kurfürstliche Oberhofjägermeister von Erdmannsdorff wurde 1693 mit dem Rittergut Kössern belehnt, um diese Forderungen umzusetzen, weshalb er 1709 das Jagdhaus (Bild 2) mit Gast- und Kavaliershaus, eine Handwerkersiedlung für 35 Gewerke (Büchsenmacher, Fleischer, Maler u.a.) um den großen Garten und das Forsthaus Pielitzberg errichten ließ. Zum Dank widmete man ihm 1820 einen Pavillon am oberen Muldeufer, wo auch noch Grabsteine (Bild 3) für Jagdhunde zu finden sind.

Die Liste kulturhistorischer Zeugnisse ist lang: Sühnesteine wie das Beatenkreuz erinnern an eine Bluttat, Hutungssteine wiesen die bäuerlichen Waldweiderechte in die Schranken, Knollensteine zeugten davon, dass hier auch Braunkohle anstand. Und wirklich, zwischen 1820 und 1958 wurde im Tiefbau Braunkohle abgebaut und brikettiert, wovon das Leipnitzer „Königlich-Sächsische Braunkohlenwerk“ noch heute mitten im Wald kündet (Bild 4).

Und heute? Der Thümmlitz ist ein abwechslungsreiches, stark strukturiertes und mit zahlreichen Rad- und Wanderwegen erschlossenes Mischwaldgebiet, wild- und pilzreich, und mit dem 1975 aufgestauten Thümmlitzsee (Bild 5), wo Biber und Kammmolche zu Hause sind, wie auch Camper, Angler und Bootsfahrer, ein geeigneter Ausgangs- und Endpunkt für vielfältige Unternehmungen.

1 Thümmlitz, Hinkelstein aus dem Neolithikum

2 Kössern, Jagdhaus

3 Thümmlitz, Hundegräber

4 Thümmlitz, Königlich-Sächsischer Schacht, betrieben 1894–1901

5 Thümmlitzsee

OSTERBLUMEN

Die gemeine Kuhschelle (Bild 1), auch ob ihres Blühzeitpunktes Osterblume genannt, ist ein streng geschütztes Hahnenfußgewächs, das magere, flachgründige und basische Böden liebt und nur noch an einem Standort in Sachsen nachgewiesen wird. Dieses letzte natürliche Vorkommen befindet sich auf dem Wachtelberg bei Wurzen-Dehnitz, einer Porphyrkuppe, die auch wegen anderer seltener Pflanzen und Tiere eines der ältesten sächsischen Naturschutzgebiete darstellt. Die Bezeichnung Kuhschelle ist von der Glockenform der Blütenkelche abgeleitet. Ihre Bestände sind nicht nur wegen Einschränkungen durch Versiegelung, Düngung und andere Eingriffe in den Lebensraum, sondern aktuell auch wegen der klimabedingt zunehmenden Trockenheit rückläufig.

Ein österlicher Besuch lohnt sich zudem auch wegen des Aussichtsturmes (sonntags meist geöffnet), der mit zahlreichen Exponaten der Tier- und Pflanzenwelt das Schutzgebiet vorstellt und einen guten Rundblick über die Muldenaue, den Planitz, die Hohburger Berge, den Wermsdorfer Forst und natürlich auf die Stadt Wurzen ermöglicht (Bild 2), deren historische Altstadt mit Dom (Bild 3), Schloss, Posthalterei, Ringelnatz-Geburtshaus und Marktplatz ohnehin eine Besichtigung wert ist.

Doch vorher bietet sich eine abschließende Einkehr in den am Fuße des Berges liegenden Landgasthof Dehnitz oder den an der Mulde liegenden Fährhof an.

1 Wurzen-Dehnitz, Kuhschellen auf dem Wachtelberg

3 Wurzen, Dom St. Marien, geweiht 1114

2 Wurzen, vom Wachtelberg aus gesehen

STADITZWALD BEI TAUCHA

Der nur etwa 60 Hektar große Staditzwald bei Taucha stellt als Wald einer kleinen Bachaue inmitten der sandigen Hügel der Tauchaer Endmoränenlandschaft eine Besonderheit dar, macht er doch den großen Leipziger Auwäldern ob seiner Artenvielfalt, insbesondere im Frühjahr, schon Konkurrenz. Europaweit als FFH-Gebiet (Flora-Fauna-Habitat, zu gut sächsisch Flanzen-Fiecher-Heimat) geschützt, kommt hier auch eine Leitart, der seltene Eremit (Bild 1), eine im Mulm alter Bäume sich entwickelnde Käferart, vor.

Die Frühblüher unserer Auwälder werden Geophyten, Erdpflanzen, genannt, weil sie durch ihre in der Erde steckenden nährstoffreichen Zwiebeln oder Wurzelknollen in der Lage sind, mit den ersten wärmenden Sonnenstrahlen in den Wuchs- und Blühmodus zu gelangen. Was dann auch schnell gehen muss, ehe andere Kräuter sie überwuchern und die Bäume ihr Schattendach darüber ausbreiten. Und so können wir uns nach tristen Wintertagen an der explodierenden Farbfülle erfreuen: weiße Märzenbecher und Buschwindröschen, gelbe Goldsterne, Anemonen und Schlüsselblumen (Bild 2), blaue Veilchen und Lungenkräuter (Bild 3) sowie rotvioletter Lerchensporn (Bild 4) – bis zu zwanzig verschiedene Arten erblühen im Staditzwald bei Taucha fast gleichzeitig. Ein Wunder, das es zu erhalten gilt; wenn auch so mancher glaubt, es im gepflückten oder gar nach Goethes Gedicht „Ich ging im Walde so für mich hin ..." ausgegrabenen Zustand für sich allein zu Hause gewinnen zu können – vergebens! Die NABU-Schülergruppe „Parthenfrösche" aus Plaußig sorgte auch durch Nachpflanzen von Zwiebeln für eine stabile Märzenbecherpopulation und richtete hier 1996 einen Naturlehrpfad (Bild 5) ein, der Interessierten auf 2 Kilometer Länge alles Wissenswerte vermittelt.

1 Eremit

2 Hohe Schlüsselblume

3 Lungenkraut

4 Hohler Lerchensporn

5 Lehrpfad Staditz

DER HOHE FLÄMING

Eine Autostunde nordwärts, nach der Dübener Heide, erreichen wir eine überaus liebliche, von Hügeln, Wäldern, Wiesen, Gewässern, aber auch reizvollen Ortschaften bestimmte Landschaft, den Hohen Fläming. Hoch, weil ein hügliges, eiszeitliches Moränengeschiebe bis 200 Meter aufragt, und Fläming, weil die Gegend im Zuge der Völkerwanderung vor 800 Jahren von Flamen besiedelt wurde. Allerdings hieß der hügelige Rücken bis vor 200 Jahren noch sächsischer Grenzwall und verlor mit der Schlacht am Hagelsberg 1813, wo die Sachsen auf napoleonischer Seite kämpften, wie auch später bei Leipzig alle Ansprüche: Der Fläming kam nach dem Wiener Kongress zu Preußen, wo er jetzt noch in Brandenburg liegt.
Und damit auch die herrlichen Burgen, wie Rabenstein, heute Sitz der Naturparkverwaltung, Burg Eisenhart bei Belzig (Bild 1), welche Museum ist, oder Schloss Wiesenburg (Bild 2), das aus einer alten romanischen Burg stammend im 19. Jahrhundert im Stil der Neorenaissance umgebaut wurde und heute als gehobener Wohn- und Bürokomplex genutzt wird.

Geologisch haben wir es mit Altmoränen der Saalekaltzeit zu tun. Die zahlreichen interessanten Trockentäler, Rummeln genannt (Bild 3), allerdings sind Schmelzwasserrinnen der späteren Weichseleiszeit zuzuordnen. Auch Buchenwälder, Moore und magere Frisch- und Nasswiesen bergen eine Fülle botanischer Kostbarkeiten, wie z.B. die seltene Schachbrettblume (Bild 5) im Fiener Bruch bei Ziesar. Quellen springen im wahrsten Sinne des Wortes wie bei Spring aus der Erde, Bäche treiben Wassermühlen, wie die Springbachmühle bei Belzig (Bild 4), auch ein beliebter Einkehrort. Und natürlich laden eine Menge gut ausgeschilderter Wanderwege zu Erkundungen dieses Landstriches ein.

1 Belzig, Burg Eisenhart

2 Wiesenburg, Schloss

3 Spring, Rummeln

4 Belzig, Springbachmühle

5 Schachbrettblume

DIE REBENTROSTSTORY

Wenn uns im zeitigen Frühjahr die ersten Frühblüher erfreuen, ist der Krokus mit seinem leuchtenden Gelb oder Violett natürlich mit dabei. Doch das war nicht immer so; schließlich ist er erst im späten Mittelalter auf Handelsrouten aus dem Orient zu uns gekommen. Damals war es der allerdings im Herbst blühende Safran, dessen Blütenstaub in hochadligen Hofküchen mit Gold aufgewogen wurde, und erst später erfreute man sich dann auch der kleinen Blume aus der Familie der Schwertlilien als Zierpflanze.

Heute besiedelt er flächig ganze Parkwiesen, wie im Leipziger Botanischen Garten, an der Seegeritzer Kirche (Bild 1), und findet sachsenweit im Erzgebirgsdorf Drebach (Bild 2) einen wahren Wallfahrtsort, den jährlich Tausende von Besuchern unter volksfestartigem Getümmel ansteuern. Und Drebach ist wahrhaftig auch ein historischer Ausgangspunkt der Verbreitung dessen, was mit dem dort im 17. Jahrhundert lebenden Pfarrer David Rebentrost eng verbunden ist. Er übernahm nach dem Studium der Theologie und Medizin an der Leipziger Universität sowie einer Zwischenanstellung als Stadtphysikus in Joachimsthal 1647 die Drebacher Pfarrstelle von seinem Vater. Dort widmete er sich jedoch mehr der medizinischen als der Seelsorge seiner Gemeinde, was ihm den Verruf als Kurpfuscher einbrachte. Aber das Blatt wendete sich, als der sächsische Kurfürst Johann Georg II. an der naheliegenden Heinzebank einen Jagdunfall erlitt, den Rebentrost vorzüglich behandelte und wofür er zum Dank aus dem kurfürstlichen Garten drei Pflanzen erhielt: Eibe (Bild 3), Doldigen Milchstern (Bild 4) und Krokus. Letzterer eroberte seinen Garten, dann über den Kompost die Drebacher Wiesen und schließlich halb Sachsen.

Rebentrost starb nach 56 Jahren Pfarrdienst und unter Hinterlassung von 13 Kindern 1703 mit 85 Jahren. Die Ärztin Elisabeth Rebentrost, ein Spross dieser Linie, praktizierte in Taucha, bis sie von ihrer Tochter – allerdings nicht mehr unter diesem geschichtsträchtigen Namen – im Amt abgelöst wurde.

1 Seegeritz, Kirchberg

2 Drebach

3 Gewöhnliche Eibe

4 Doldiger Milchstern

COLLMER GESCHICHTEN

Geologisch rechnet der zwischen Wermsdorf und Oschatz 313 Meter aus dem Wermsdorfer Wald herausragende Berg (Bild 1) zu den mit 600 Millionen Jahren ältesten Gebirgsresten Europas: ordovizische Grauwacke (Bild 2), wie sie auch in Leipzig-Großzschocher in einem kleinen Bruch oder am Buchberg bei Otterwisch zu Tage tritt. Dem direkten Kontakt zufolge können hier im Geophysikalischen Observatorium der Universität Leipzig weltweit seismische Erdbewegungen erfasst werden, von winzigen vogtländischen Schwarmbeben bis zur Tsunamikatastrophe von Fukushima in Japan. Sein vor allem zur Triangulation errichteter Aussichtsturm (Albertturm) bietet grandiose Rundblicke von Wurzen bis Oschatz (Bild 4) und von der Dahlener Heide bis zum Rochlitzer Berg.

Auch der Fuß des Berges ist geschichtsträchtig. Die auf dem Friedhof des Ortes Collm stehende 1000-jährige Linde (Bild 3) soll bereits im 12. Jahrhundert Markgraf Otto von Meißen als Austragungsort von Landgedingen, oberste Gerichtsversammlungen für das Meißner Land, gedient haben.

Im Jahr 2022 wurde der mit über 11 Meter Stammumfang gewaltigen Sommerlinde auf einem örtlichen Festakt der Nationalerbetitel verliehen, der den Baum in das Interesse und die Achtung des ganzen Landes stellt und ihn hoffentlich auch noch, trotz Klimawandels und anderer Gefahren, das nächste Jahrtausend überstehen lassen wird.

1 Collmer Land

2 Collmer Grauwacke

3 Collmer Linde, Feier des Nationalerbe-Titels

4 Blick vom Collmer Albertturm Richtung Oschatz

ÄLTESTER SÄCHSISCHER ORT – PÜCHAU

Als der erste deutsche König Heinrich auf seinen Heerzügen gegen die slawischen Daleminzier im Jahr 924 geschlagen wurde, zog er sich auf die am westlichen Muldeufer gelegene Fluchtburg Püchau zurück, was später der Merseburger Bischof Thietmar schriftlich in seiner Chronik festhielt, womit der Ort Püchau seine frühe, schriftliche Ersterwähnung fand. Neben der romanischen Heinrichsburg entstand ein Rittergut mit schlossartigem Herrenhaus (Bild 1), dessen Treppenturm eine Statue des Königs ziert (Bild 2).
Püchau gehörte nach zahlreichen Vorbesitzern ab Anfang des 19. Jahrhunderts der geadelten Kaufmannsfamilie Hohmann (geadelt als Edler von Hohenthal), die mit viel Geschick durch den Erwerb weiterer Dörfer und Güter sowie durch eine im Fideikommiss geregelte Unteilbarkeit durch Erbschaft eines der größten Güterbesitze Sachsens schuf. Der im englischen Landschaftsstil angelegte Park überrascht mit einer 180-jährigen Magnolie (Bild 3) und lädt besonders im Frühjahr zu einem Spaziergang durch den Frühblüheraspekt von Lerchensporn und Buschwindröschen im angrenzenden Auwald ein.

Die große, nach ihrem Ausgangsort benannte Sehliser Windhose richtete auch in Püchau 1912 erhebliche Schäden an, im Zuge deren Abstellung auch das Schloss um eine ganze Etage höher im neugotischen Stil wieder errichtet wurde. Dieses war bis zur Wende 1989/90 Altenheim. Es befindet sich heute in Privatbesitz und wird mit Mühe sowie einigen öffentlichen Veranstaltungen und Führungen, aber leider ohne Einkehrmöglichkeit erhalten.

1 Schloss Püchau

2 Schloss Püchau, Treppenturm Statue Heinrichs I.

3 Schlosspark Püchau, Magnolie

ES KLAPPERT DIE MÜHLE ...

... am rauschenden Bach schon lange nicht mehr, und auch der Gutes verheißende Müllergruß „Glück zu“ erschallt nur noch selten an den durch aktive und engagierte Mühlenvereine erhaltenen historischen Objekten zum deutschlandweiten pfingstmontäglichen Mühlentag. Zeugnisse ländlicher Wirtschaftskultur sind seit der Industrialisierung als unbrauchbar beiseite gelegt worden und die neben tierischen Zugmitteln früher gebräuchlichste Nutzkraft Wasser ebenso. Dreierlei Arten ihrer Anwendung sind uns bekannt: die Überläufe der aus kleinen Fließgewässern angestauten Mühlteiche, wie wir sie am Oberlauf der Parthe und an den Fließen der Dübener Heide, wie bei Rotta (Bild 1) finden, das direkte Übertragen des in Mahl- und Flutgerinne geteilten größeren Flusses auf den Antrieb, wie schon am Unterlauf der Parthe ab Taucha oder der Mulde bei Grimma, Wurzen und Eilenburg, und schließlich das Prinzip der auf dem Fluss schwimmenden Schiffsmühlen, wie sie noch an der Mulde bei Höfgen (Bild 2) oder, allerdings auf dem Trockenen, an der Burg Düben zu sehen sind. Das Wasser schlug mittel- oder unterschlächtig auf die Wasserräder, später auch Turbinen auf. Wasserräder haben nur wenige überlebt, wie in Großbardau, Höfgen, Thallwitz oder der Dübener Obermühle (Bild 3).

Genutzt wurden Wassermühlen vor allem mittels Steinen zum Mahlen von Getreide, aber auch anderen Früchten, durch deren klopfende Körnerzuführung das „Klappern“ entstand, sowie mittels Sägegatter wie in Thallwitz (Bild 4) zum Holzschneiden. Auf Mühlen ruhte, weil der Mahlgast oft länger auf seine Ware warten musste, ein Schankrecht, das die Beherbergung und Beköstigung erlaubte und das beim Entzug der Wasserrechte bzw. durch andere Ursachen der Betriebseinstellung in vielen Fällen als zweites Standbein weiter genutzt wurde, wie in Erdmannshain (Bild 5).

1 Rotta, Gassmühle

2 Höfgen, Schiffsmühle

3 Düben, Obermühle

4 Thallwitz, Sägegatter der Wassermühle

5 Erdmannshain, Gaststätte „Zur Mühle“

AN DER PARTHEQUELLE

Das dem Partheland namensgebende Flüsschen entspringt im Colditzer Forst und mündet nach knapp 60 Kilometern als ganz und gar, also vom Anfang bis zum Ende treu sächsischer Fluss in Leipzig in die Weiße Elster. Dabei bedient sie sich, wie es meist nur die großen Schwestern tun, zweier Quellen, deren erste bei Ballendorf (Bild 1) den Lahmbach bildend entspringt, während die zweite und auch bekannteste am Gossenborn (Bild 2) als Gossa abfließt, um sich dann in Glasten vereint als Parthe (Bild 3), slawisch die träge Fließende, Stinkende, auf den weiteren Weg zu machen. Diese Namensdeutung trifft aber hier am Anbeginn überhaupt noch nicht zu; die Quelle war schon immer ein mystischer Ort, an dem die alten Germanen wie ihnen nachfolgende Slawen ihre Götter verehrten, später Christen Gottesdienste feierten und Arbeiter Maikundgebungen abhielten. Heute ist es ein beliebtes Wanderziel durch den mit zahlreichen Wegen gut erschlossenen Wald, an dem man auch aus dem frischen Quell seinen Durst stillen kann – gefasst war der Quellfächer schon seit Jahrhunderten als Trinkwasser für das nahe Dorf Glasten.

Der Colditzer Forst, einst Jagdrevier der sächsischen Kurfürsten, später durch das Rittergut Glasten für die Hofkammer durch Wild- und Holzerträge geschröpft und wieder „aufgefichtet", zeigt nur an wenigen Stellen sein altes Waldbild mit knorrigen Buchen wie noch an der Quelle. Heute ist man bestrebt, die ursprünglichen Waldgesellschaften mit Eichen, Buchen und einigen Nadelhölzern, auch wegen der Anfälligkeit der Fichtenmonokultur gegen Trockenheit und Borkenkäferfraß, wieder aufzubauen.

Die oben genannte Flusslänge war aber nicht immer so. Um reichlich 12 Kilometer verkürzte sie sich beim Bestreben, durch Begradigung von Naunhof bis Leipzig ab dem Jahr 1800 Trägheit und Gestank abzulegen – wobei sie sehr an Romantik verlor –, dafür bekam sie aber 1952 drei Kilometer des bis zum Zoo verfüllten Pleißemühlgrabens bis zur neuen Einmündung in die Elster dazu.

1 Ballendorf

2 Parthequelle am Gossenborn

3 Glasten, Parthequellflüsse

DIE ALTEN SALZSTRASSEN

Bis ins späte Mittelalter war Salz das einzige Konservierungsmittel für die Daueraufbewahrung von Fisch-, Fleisch- und auch pflanzlichen Waren, weshalb es sehr teuer gehandelt wurde. Da die Gewinnungsorte jedoch meist abseits der Verbraucherzentren lagen, waren umfangreiche Transporte über weite Strecken nötig, die in unserer Leipziger Umgebung sich an die gesicherten Haupttrassen „via regia" und „via imperii" hielten. Dabei galt es jedoch, auf Grund des Vermögens des Salzes, Wasser anzuziehen, Flusstäler und andere Gewässernähen zu umfahren.

So finden wir im Leipziger Norden noch Reste der Routen von den Salinen in Dürrenberg über Grünau, Plaußig (Bild 2), Merkwitz, Liemehna nach Eilenburg sowie von der Salzstadt Halle über Kletzen (Bild 3), Krostitz ebenfalls nach Eilenburg, wo es wiederum einen gedeckten Übergang über die Mulde gab.

Im Süden finden wir in Großbardau noch das Zoll- oder Geleithaus mit der Aufforderung: „WER WILL REISEN INS NIEDERLAND DER LENKE SIC AUS DIE RECHTE HANT" (Bild 1). Der Ort erhielt 1368 die Geleitrechte für die Sicherung der Transporte, auch für Salz von Leipzig bis nach Böhmen.

Leider existieren von den historischen Verläufen nur noch wenige und auch nur bruchstückhafte Straßen und Feldwege, die die Bezeichnung „Salzstraße", „Alte Salzstraße" oder „Zur Salzstraße" tragen, der Großteil ist überbaut, abgebaggert oder umgepflügt. In den letzten Jahren wurden bei Kletzen Meilensteine wiederhergestellt. Im Nachbarort Hayna zeugt noch das für eine Dorfkirche sehr aufwändig gestaltete romanische Eingangsportal (Bild 4) von wohlhabenden Händlern, die möglicherweise dort pausierten oder nächtigten und beim Kirchbesuch ordentlich für ein gutes Gelingen ihrer Reise beteten und opferten. Nördlich von Plaußig wurde der Ost-West-Verlauf im Gelände um das BMW-Werk dargestellt (Bild 5).

1 Großbardau, Zollhaus

2 Alte Salzstraße zischen Plaußig und Merkwitz

3 Kletzen, Meilenstein an der Alten Salzstraße

4 Hayna, Romanische Pforte an der Dorfkirche

5 Infotafel zur Alten Salzstraße bei Plaußig

DIE BERGKIRCHE BEUCHA

Im 12. Jahrhundert, mit der Rückkehr der deutschen christianisierten Stämme von ihrer großen Völkerwanderung auf dem nunmehr von slawischen „Heiden“ als Heiligtum genutzten Berg errichtet, stand die wehrhafte Kirche (Bild 2) noch lange als einer der drei „Hohepriester“ gegen die noch immer die neue Religion und damit auch die Macht nicht anerkennenden Slawen. Die beiden anderen sicherten weiter nordwärts in Panitzsch sowie Thekla bei Leipzig das Land vor heidnischen Einflüssen, aber nicht als Wehrkirchen, wie oft angenommen wird – militärischen Schutz gaben nur die Burgen von Naunhof und Taucha sowie die landadligen Ritter der nahen Dörfer. Geologisch besteht der Kirchberg aus Granitporphyr, einem vor 280 Millionen Jahren durch Vulkanismus hervorgetretenen, grobkörnigen Gestein (Bild 1), das seit dem 15. Jahrhundert in Steinbrüchen abgebaut wurde. Hauptverwendungszweck im Kirchbruch war der Bau des Völkerschlachtdenkmals 1913, und es stand sogar der Abriss der Kirche für die einträgliche Steingewinnung auf dem Plan, was aber Gott sei Dank im wahrsten Sinne des Wortes abgewehrt wurde. Dafür wurde die durch die Zunahme der Bevölkerung notwendige Vergrößerung des Kirchenschiffes nach Westen verlegt, sodass der Turm jetzt mittig steht. Aber auch beim Bau der New Yorker Freiheitsstatue durch die Franzosen 1886 wurde Beuchaer Porphyr verwendet, weil ausgewanderte Sachsen der Meinung waren, sich ihre alte Heimat näher heranzuholen, wenn sie meinten: „Steene hammer genuch dorheeme, nehmer welche von Beiche“ und einen Lastkahn davon über den Ozean schipperten.

Heute werden in und um Beucha keine Steine mehr gebrochen, wohl aber noch verarbeitet – ausländisches, offenbar preiswerteres Material.

Die Kirche erreicht man nur durch das Tor unter dem Wasserturm, von der Bruchkante bietet sich eine schöne Aussicht, auch bis zum benachbarten Brandiser Kolm, ein kleines Wanderparadies mit offengelassenen Steinbrüchen für Badegäste (Bild 3) und Felskletterer.

1 Beucha, Porphyrstele

2 Beucha, Kirchbruch

3 Waldsteinberg bei Brandis, Westbruch

WIESENORT LÜTZSCHENA

Lucene, Lützschena, Ort in den Wiesen nannten die frühen slawischen Einwanderer vor über 1000 Jahren ihre Ansiedlung in der Elster-Luppe-Aue westlich von Leipzig, wie sie sich heute noch bei Papitz erleben lässt (Bild 1). Für den Leipziger Kaufmann Maximilian Speck, der mit seinem Handelshaus „Speck´s Hof" durch internationalen Woll- und Tuchhandel vermögend wurde, war das ein idealer Ort, um zur Verbesserung der Wollqualität Schafe der Merinorasse zu züchten. Also erwarb er 1822 das verschuldete Rittergut Lützschena und wurde in seinem Bestreben so erfolgreich, dass er Einladungen in verschiedene europäische Länder erhielt, die Interesse an seinen fortschrittlichen Methoden hatten. Zum Dank wurde er vom russischen Zaren Alexander geadelt, der bayrische König Ludwig I. erhob ihn gar in den Freiherrenstand samt Kunstnamen „von Sternburg". Von dort brachte er auch einen Braumeister mit, der seine Brauerei in bayrischer Braukunst zu großem Erfolg führte, welcher erst 1991, nach Jahrzehnten als Exportbrauerei Sternburg, durch neue bayrische Braumeister zum Erliegen kam. 1864 wurde das alte barocke Gutshaus durch ein Schloss im Tudorstil ersetzt (Bild 2), die wertvolle Bildersammlung, die heute im Museum der bildenden Künste in Leipzig zu sehen ist, in einem externen Bildersaal untergebracht und der Park im englischen Stil mit zahlreichem Figurenschmuck, wie am Dianatempel (Bild 5), neu gestaltet. War auch schon unter den Sternburg eine Schule im Schloss untergebracht, so wurde nach der Bodenreform bis zur Wende das ganze Haus landwirtschaftliche Fachschule mit Internat.

Bis heute für die Öffentlichkeit zugänglich ist die alte Stellmacherei des Gutes (Bild 3) am anderen Elsterufer, die von der Stadt Leipzig und anderen Förderern als Auwaldstation unter Einbeziehung des Parkes, des Naturschutzgebietes „Burgaue" (Bild 4) sowie der gesamten Westaue des umfangreichen Leipziger Auwaldsystems als Naturschutzstation, Umweltbildungszentrum und Kulturstätte dient.

1 Elsteraue

2 Lützschena, Schloss

3 Auwaldstation

4 Luppeauwald

5 Lützschena, Park mit Dianatempel

DER ELSTER-FLOSSGRABEN I

Anfang des 17. Jahrhunderts ließ der sächsische Kurfürst August I. ein 77 Kilometer langes Grabensystem von der vogtländischen Weißen Elster bei Crossen (südlich von Zeitz) nach Norden anlegen (Bild 1), das dem Holztransport für eine erhoffte Salzsiederei in der Gegend östlich zwischen Weißenfels und Merseburg dienen sollte. In dem nur einen Meter breiten und mit nur 25 Metern Höhenunterschied meisterhaft nivellierten Graben konnten die Stämme und Scheite auch nur mit höchstens einem Klafter (1,7 Meter) Länge und sicherlich hohem Aufwand von Floßknechten ungebunden gedriftet werden. Die zuerst in Poserna eröffnete Saline, von der das Wasser in die Saale abfloss, wurde als unrentabel geschlossen und ein weiterer Versuch bei Kötzschau, von wo das Wasser die Luppe erreichte, unternommen, der aber auch keinen Erfolg brachte.

Erst 1763 gelang es dem sächsischen Bergrat Johann Gottfried Borlach (Bild 2) bei Dürrenberg (Bild 3), das seit 1561 unter kursächsischer Herrschaft stand, aus 223 Meter Tiefe eine Sole mit 10,63 % Salz zu fördern, welche in dem mit 636 Metern längsten deutschen Gradierwerk (Bild 4) aufgewertet wurde und der Saline ein ertragreiches Auskommen bis zur Einstellung der Speisesalzproduktion 1963 sicherte. Die gesundheitsfördernde Wirkung salzhaltiger Aerosole oder Getränke erhob Dürrenberg schon 1845 zum Kurort, der 1856 mit einem Bahnanschluss von Leipzig nach Korbetha unterstrichen wurde, und ab 1935 durfte es den Titel Bad tragen. Das mit der Einstellung der Salzgewinnung einhergehende Ende des Badebetriebes wurde nach dem Jahr 2000 durch Erschließen eines neuen Solebrunnens sowie die Sanierung des Gradierwerkes und der Trinkhalle im Kurpark wieder aufgehoben – Bad Dürrenberg erwartet wieder seine Gäste. Sehenswert sind das Salinemuseum im Borlachturm sowie das nebenan stehende alte Salzamt (ein Königsgut). An die historische Floßgrabengeschichte erinnert ein thematischer Radweg.

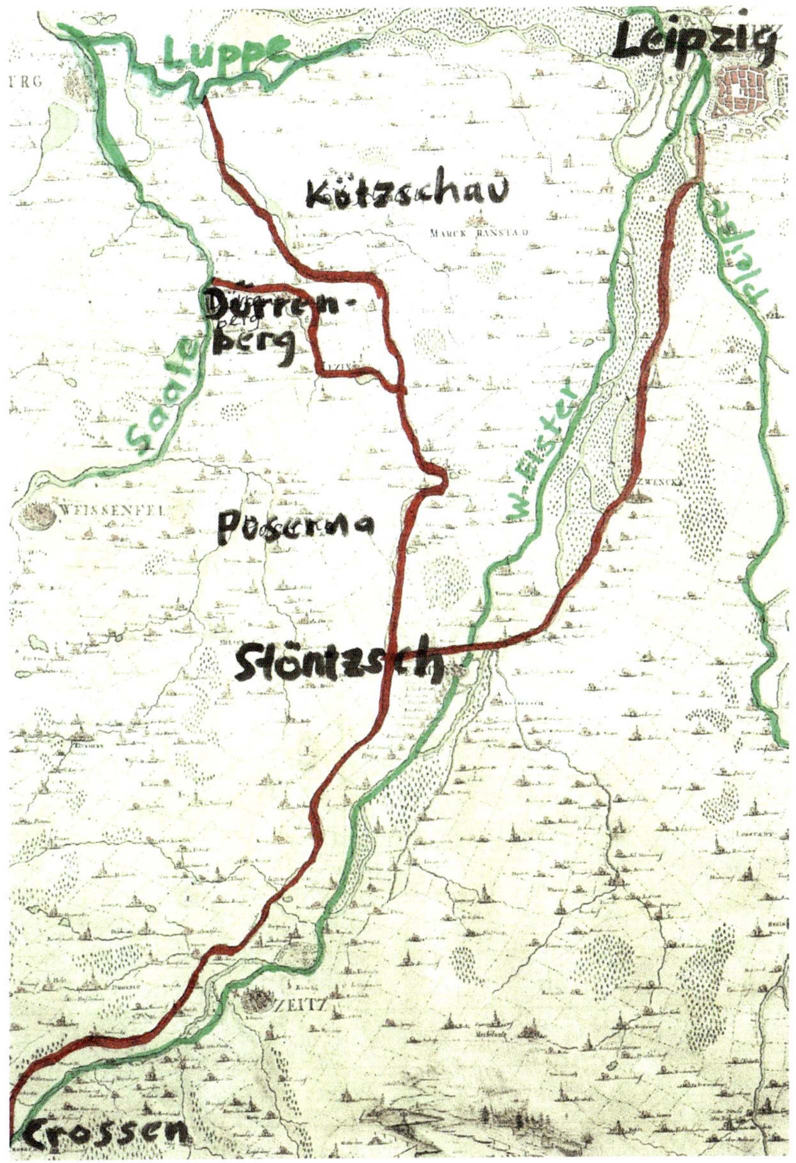

1 Skizze des Elsterfloßgrabens mit Großem Floßgraben nach Dürrenberg und Abzweig des Kleinen Floßgrabens bei Stöntzsch nach Leipzig

2 Bad Dürrenberg, Denkmal für Johann Gottfried Borlach

3 Bad Dürrenberg

4 Bad Dürrenberg, Gradierwerk

DER ELSTER-FLOSSGRABEN II

Neben Holz für die Siedepfannen des für den sächsischen Hof kostbaren Salzes galt es auch Holz für die Öfen der ebenso kostbaren Messestadt Leipzig heranzuschaffen, waren doch alle umliegenden Wälder, auch unter Nutzung der Pleiße als Transportweg, bereits verheizt. So wurde in Stöntzsch bei Pegau der „Leipziger Floßgraben" abgezweigt (Bild 1), der über den Elsternebenarm Batschke und den Pleißemühlgraben in die Stadt bis zum Floßplatz (Bild 2), dem Umschlagort, führte. Bereits 1610 kam das erste Holz an; Schwierigkeiten bereiteten aber all die vielen Mühlen und deren Wehre, die es, um Staus oder Beschädigungen zu vermeiden, mühselig zu umflößen galt.

Mit beginnender Industrialisierung schwand die Flößerromantik. Ab1820 übernahmen Eisenbahnen den Transport bzw. wurde Brennholz durch Braunkohle abgelöst, an der es ja um und in Leipzig, denken wir an den Abbau im Johannisthal, nicht mangelte. 1864 wurde der Flößereibetrieb nach fast 250 Jahren eingestellt.

Ab 1958 wurden die alten Systeme infolge Bergbautätigkeit, wie am Cospudener See, unterbrochen, aber 80 von 93 Kilometern sind noch erhalten und stehen als kulturhistorisches Denkmal sowie für die touristische Nutzung im Leipziger Neuseenland beim 2009 gegründeten Förderverein Elsterfloßgraben e. V. im Fokus. Hier geht es auch um eine Verbindung vom Kleinen bzw. Batschkefloßgraben über den Cospudener See durch den Leipziger Auwald zur Pleiße (Bild 3) und von dort in die Welt. Aber auch die Natur hat die Entwicklung mitgemacht und ein Wörtchen mitzureden: der Eisvogel (Bild 4), europaweit streng geschützt, brütet und lebt am Floßgraben im Connewitzer Holz und fordert zu Recht erhebliche Nutzungseinschränkungen für den Bootsbetrieb ein.

1 Floßgraben bei Kötzschau

2 Leipzig, Floßplatz

3 Leipzig-Connewitz, Floßgrabenmündung in die Pleiße

4 Eisvogel

DIE WÖLPERNER TORFWIESEN

Südwestlich vor Eilenburg bildete der bei Gallen entspringende Kalbsdorfer Bach während tausenden von Jahren in einer breiten Senke ein Niedermoor, das heute zu den bedeutendsten Naturschutzgebieten unserer näheren Umgebung zählt. Natürlich wurde in früheren Notzeiten hier auch Torf gestochen, aber die wenigen Restlöcher bereichern das Spektrum des Feuchtbiotopes noch zusätzlich, z.B. als Lebensraum des Laubfrosches (Bild 1). Die Nasswiesenbereiche leuchten im Frühjahr gelb von Sumpfdotterblumen, rot vom Knabenkraut (Bild 2), einer Orchidee, und später blau von der Sibirischen Iris (Bild 3) und der Herbstzeitlose. Die anliegenden Frischwiesen sind voller Margeriten, Glockenblumen, Hahnenfuß und zahlreichen anderen Wiesenblumen, dass es eine Freude, aber auch Frust ist zu sehen, was die Natur zu leisten imstande ist und was unseren Parthewiesen schon lange abhandengekommen ist. Es ist hier aber auch nur eine ganz extensive Nutzung, schon des nassen Untergrundes wegen, möglich, und die einzigen Rasenmäher haben vier Beine und sind Schottische Hochlandrinder des NABU-Landesverband Sachsen (Bild 4). Wer würde heute noch mit Sense und Schubkarre Grünfutter für seine Tiere im nahen Dorf machen? So gesehen bieten Extremstandorte, die zu nass, zu trocken oder militärisch abgeschieden sind, die besten Voraussetzungen für den Erhalt eines hohen Artenreichtums.

1 Laubfrosch

2 Breitblättriges Knabenkraut

3 Sibirische Iris

4 Wölperner Torfwiesen mit Schottischen Hochlandrindern

WIEDER MAL NACH MACHERN

Machern war, insbesondere die naheliegenden Lübschützer Teiche, von der Kindheit des Autors bis zur Erschließung der die Stadt umgebenden Tagebauseen das sommerliche Naherholungsgebiet für die Nordost-Leipziger. Man nahm den Zug auf der ältesten deutschen Ferneisenbahnstrecke bis Machern, durchquerte das Dorf und den Schlosspark oder fuhr mit dem Fahrrad direkt über Taucha, Püchauer Straße, Plagwitz an die Lübschützer Teiche (Bild 1), das Badeparadies. Heute lebt der Strand am leicht braunen Wasser nur noch von ein paar Campern, Gartenbesitzern, Besuchern der Höhepunkte zu Himmelfahrt oder zum herbstlichen Abfischen sowie von diversem Wassergeflügel. Der Boom allerdings herrschte während der finsteren Arbeitslosenzeit der 1920er Jahre, als hier Graf Hohenthal auf Püchau 5 Hektar seines Riesenreiches einer Gartensiedlung mit Laube und Siemensherd für 5 RM Jahrespacht den Arbeitslosen zur Verfügung stellte. Hier lebten sie mit ihren Familien von Mai bis Oktober, unterbrochen nur von den freitäglichen Fahrten der Männer zum Stempeln auf das Leipziger Arbeitsamt.

Aber Machern ist mit seinem wunderbaren Barockschloss (Bild 2) der einstigen Grafen von Lindenau, der einladenden Gastronomie sowie dem größten sächsischen Landschaftspark mit seiner Fülle an schmückenden Einbauten wie die in der Zeit der Romantik entstandene Burgruine, die Pyramide (Bild 3), Tempel u.a. sowie einer fast 200-jährigen Allee aus den seltenen Tulpenbäumen (Bild 4) nach wie vor besuchenswert.

1 Lübschützer Teiche

2 Schloss Machern

3 Machern, Pyramide im Schlosspark

4 Machern, Tulpenbaum im Schlosspark

PARADIES DAHLENBERG

Am Nordostrand der Dübener Heide schmiegt sich das Dörfchen Dahlenberg (Bild 1) in das von Wald und Feldern gesäumte Tal des Grenzbaches ein, das als Muster einer an die Landschaft angepassten Ansiedlung gelten kann. Die kleine barocke Dorfkirche überragt es nur wenig, dafür bestimmt der Mühlteich mit anschließender Wassermühle (Bild 2), die sowohl mit einem Mahlgang als auch mit einem Sägegatter ausgestattet ist, neben an der Dorfstraße aufgereihten Bauerngehöften das Ortsbild. Auch ein kleines Rittergut (Bild 3) rundet das Ensemble ab: Leipnitz, sicher der mit der deutschen Ostbesiedlung vor 800 Jahren durch den Landesherren an einen Ritter zur Verwaltung verliehene Gründungsort. Tradition wird im Nachbarbierfest fortgesetzt, dem Brauch, dass ein neu zugezogener Nachbar ein Fass Bier stiften musste, was den Keramikkünstler Bruno Kubas wiederum zur Stiftung einer Brunnenfigur bewog (Bild 4), neben anderen im Ort zu findenden Kunstwerken.

Uralte Eichen, in deren Mulm sich über Jahre prächtige Hirschkäfer (Bild 5) entwickeln und für wenige Augustwochen nur ihren Fortpflanzungsdrang an der Oberfläche ausleben, recken sich gen Himmel. Vor dem Teicheinlauf staut sich ein Erlensumpf mit reicher Blütenflora wie Sumpfschwertlilie, Dotterblume, Wasserfeder und Calla (Bild 6), während sich wiederum dahinter der in den 1970er Jahren zur Beregnung der mageren Feldfluren angelegte Stausee bis zur alten Hachemühle ausbreitet. Es ist ein Bade-, aber auch Naturparadies, wo man neben Haubentauchern auch Eisvögel fischen oder den seltenen Seeadler kreisen sehen kann.

1 Dahlenberg

2 Dahlenberg, Dorfmühle

3 Dahlenberg, Torhaus des Rittergutes Leipnitz

4 Dahlenberg, Nachbarbierbrunnen von Bruno Kubas

5 Hirschkäfer

6 Dahlenberg, Calla im Erlenbruch

KRIEGSTRÜMMER-ORCHIDEEN

Kontrastreicher kann ein Programm nicht sein: Wo einst Kriegsmaterial entstand, erfreut uns heute ein Biotop erster Klasse, wie so oft aus ehemaligen Militärflächen wertvolle Naturräume werden – wir Deutschen sind schon lernfähig.

1937 errichtete die Autounion in einem Waldstück von 11 Hektar Größe zwischen Taucha und dem Dorf Portitz die Mitteldeutschen Motorenwerke GmbH zur Produktion von Junkers-Flugzeugmotoren in Lizenz. Diese wurden 1944 zerbombt, danach devastiert und 1947 durch die Rote Armee bis auf Reste, wie diese Spitzbunker (Bild 1), gesprengt. Die Einverleibung von Portitz in die Stadt Leipzig blieb für deren Stadtkasse unerheblich, weil Taucha eine Umflurung der betroffenen Grundstücke zu seinen Gunsten erwirkte. Ein Großteil der über zehntausend Beschäftigten wurde nämlich dort angesiedelt: erzgebirgische Familien in der „Zwickschen Siedlung", Zwangsarbeiter und Kriegsgefangene im Barackenlager am Seegeritzer Weg, und auch für Schule, Krankenhaus und Kneipe musste Taucha geradestehen.

Die Natur holte sich alles zurück. Die Kiesgrube des Veitsberges, ein Endmoränenhügel, dessen Sand für die Betonierungen vor Ort genutzt wurde, bietet Lebensraum für verschiedene Magerrasenpflanzen und Insekten wie den Sandlaufkäfer (Bild 2). Der zur Prüfung der Motoren mittels einer Wasserdrucksäule geschaffene Teich (Bild 3) ist neben Fischen, Wassergeflügel, Lurchen auch dem streng geschützten Kammmolch ein Zuhause (Bild 4) geworden, die Betonruinen (Bild 5) geben als sekundäre Felsformationen Flechten, Moosen und Farnen, aber auch Eidechsen Entwicklungsmöglichkeiten und schließlich gedeihen auf den kargen, besonnten Schutthügeln Orchideen, braunrote Sitter (Bild 6).

Geblieben ist eine undurchdringliche, äußerst abwechslungsreiche Landschaft, die von einem Naturlehrpfad der Naturschutzstation Plaußig als mahnende Lehrstätte erschlossen ist.

1 Spitzbunker zwischen Taucha und Portitz

2 Sandlaufkäfer

3 Teich der ehemaligen Mitteldeutschen Motorenwerke

4 Kammmolch

5 Sekundärfels aus Betonruinen

6 Braunroter Sitter

WAS BLÜHT UNS NOCH?

Neben unseren globalen Menschheitsproblemen Hunger, Krieg, Ressourcenmangel und Klimawandel scheint uns der zunehmende Bioartenschwund durch Eingriffe in Natur und Landschaft am wenigsten zu berühren, ist aber schließlich kaum noch aufzuhalten. Ca. zwei Drittel der Insekten- und die Hälfte der Vogelpopulationen sind bereits verloren, und bei den Bestäubungsinsekten wird der Mangel bald existenzielle Wirkungen auf unser Überleben haben, was nicht nur bei Naturschützern zu verstärkten Aktivitäten führt. Im Leipziger Norden gründeten diese mit Vertretern aus Politik und Wirtschaft den Biotopverbund Leipzig Nordost und begannen die um das BMW-Werk bei Plaußig vorhandenen Ausgleichsflächen durch Anlage von Blühflächen und Gehölzanpflanzungen aufzuwerten (Bild 1), um vor allem Insekten wie Bienen (Bild 2), Schmetterlingen (Bild 3) oder Käfern Nahrung und „Puppenstuben" anzubieten.

Dabei steht der Verband in einer historischen Tradition, denn schon durch die Mitarbeiter der Plaußiger Naturschutzstation des Zweckverbandes Parthenaue wurden in den 1990er Jahren Biotopverbunde mit Lerchenfenstern (wo die Vögel ungestört brüten können) wie am Rüdgengraben sowie über 20 Kilometer Hecken und Obstgehölze in der ausgeräumten Landschaft östlich von Taucha angelegt. Das Saatgut Plaußig legt schon seit Jahren Blühfenster (Bild 4) und -streifen an Feld- und Gewässerrändern an.

Und bereits 1950 entstand zwischen Plaußig, Podelwitz und Pönitz durch das Institut für Naturschutz und Landschaftspflege der Martin-Luther-Universität Halle-Wittenberg ein über 40 Kilometer langes Netz an Windschutzhecken (Bild 5), nach ihrem Urheber noch heute als „Krummsdorfhecken" benannt, um sowohl die Winderosion der Lösslehmteilchen einzuschränken als auch Pflanzen und Tieren Lebensraum und Ausbreitungskorridore zu schaffen.

1 Blühwiese bei Plaußig

2 Honigbiene

3 Zitronenfalter

4 Wildkräuter

5 Krummsdorfhecken bei Taucha

HALDE TRAGES

Als 1937 der Braunkohlentagebau Espenhain aufgeschlossen wurde, befand sich keine den Abraum aufnehmende Grube in der Nähe, was zur Hochverkippung auf einer 200 Hektar großen Acker- und Waldfläche in der Nachbargemarkung Trages führte; so entstand mit 66 Metern über Niveau bzw. 231 über dem Meeresspiegel die Halde Trages (Bild 1). Die mit einem schönen Gipfelkreuz samt Gipfelbuchbehältnis gekrönte Höhe ist nach dem Rochlitzer Berg und dem Collm die dritthöchste Erhebung Nordsachsens.

Bereits 1950 begannen die Aufforstungsarbeiten mit etwa 40 Gehölzarten, vor allem Pappel, Erle, Bergahorn, Stiel- und Roteiche sowie Salweide, Hartriegel, Sanddorn, Liguster und verschiedene Beerenarten, während sich Birke, Espe, Robinie, Hundsrose und vieles andere sukzessiv ansiedelte. Nach nicht unerheblichen Rutschungen Ende der 1950er Jahre trat 1969 Ruhe am Berg ein und mit Beendigung der Ascheablagerungen vom Kraftwerk Thierbach 1999 konnte eine Freigabe als Naherholungsgebiet mit der Ausstattung durch einen Rundweg mit Erläuterungstafeln, Schutzhütten, Sitzgruppen sowie dem 33 Meter hohen Aussichtsturm (Bild 2) erfolgen. Neben herrlichen Fernsichten (Bild 3) auf das Erzgebirge, Leipzig sowie Petersberg und Collm kann man sich über die Bergbaugeschichte (Bild 4) informieren und gleichzeitig beim Wandern erleben, wie die Natur sich ihre einst entzogenen Refugien zurückholt. Manchmal sind sie sogar besser ausgestattet als vorher, denn neben allen bei uns bekannten Klein- und Großsäugern wurden auch 73 Brutvogelarten, darunter auf der Roten Liste vom Aussterben bedrohter Arten stehende wie Goldammer (Bild 5), Wachtel und Steinschmätzer, festgestellt. Auch botanische Kostbarkeiten haben sich eingefunden, wie das Tausendgüldenkraut sowie vier Orchideenarten, wie das Große Zweiblatt (Bild 6).

1 Halde Trages

2 Halde Trages, Aussichtsturm

3 Halde Trages, Ausblicke

4 Halde Trages, Bergbaurelikte

5 Singende Goldammer

6 Großes Zweiblatt

AUF DEN SCHWARZEN BERG

Die saaleeiszeitlichen Gletscher hinterließen vor 150 000 Jahren gewaltige Sand-, Kies- und Steinmassen aus dem Norden, die wir hier als Tauchaer Endmoräne bezeichnen und deren höchste Erhebung mit dem Schwarzen Berg bei Taucha eine Höhe von 177 Metern über dem Meeresspiegel erreicht (Bild 1). Der nährstoffarme, trockene und sonnenwarme Sandboden war nie gut landwirtschaftlich nutzbar, außer durch Schafhutung, weshalb sich hier auch eine sehr artenreiche Trockenrasenflora aus Grasnelken (Bild 2), Glockenblumen, Bibernell, Sandstrohblumen sowie zahlreichen Gräsern, wie Schafschwingel, Borstgras u.a. ansiedelte. Selbst Relikte der letzten Eiszeit wie Berghaarstrang und Mondrautenfarn (Bild 3) sind noch zu finden. Ebenso artenreich sind auch die Vorkommen von Insekten, wie der schöne Schwalbenschwanz (Bild 4) und die Ödlandschrecke, sowie von Reptilien, wie die Zauneidechse (Bild 5). Zunehmende Trockenheit allerdings und auch Nährstoffeinträge aus der Luft machen all diesen Kleinoden trotz strenger Schutzmaßnahmen bestandsgefährdend zu schaffen.

Die Erhebung wird, neben eingestelltem Kiesabbau, bereits seit 1928 als ältester sächsischer Segelflugplatz, heute auch für Heißluftballons, Motorflugzeuge und andere Luftgefährte, genutzt, sie dient der Trinkwasserhochhaltung für die Stadt Leipzig – immerhin 70 Meter Höhenunterschied zum Stadtzentrum – und bietet interessante Fernblicke in den sächsischen Süden (Bild 6).

1 Schwarzer Berg bei Taucha

2 Grasnelke

3 Mondrautenfarn

4 Schwalbenschwanz

5 Zauneidechsen

6 Blick vom Schwarzen Berg nach Süden

WIEGE DES ACKERBAUS

Als vor 7000 Jahren die Jungsteinzeitmenschen auch die Leipziger Tieflandsbucht durchstreiften, verführten sie zwei Dinge zum Bleiben: gute sandige Lehmböden und eiszeitliche Feuersteine, aus denen sie Waffen und Werkzeuge herstellen, aber vor allem Feuer schlagen konnten. Denn sie waren die ersten Bauern; ihr domestiziertes Nutzvieh sowie im Beutel mitgebrachtes Getreidesaatgut ermöglichte ihnen eine sesshafte Ansiedlung in großen, hölzernen Sippenhäusern, die Wohnung, Stall, Lager und Herdstelle vereinten und die sie bis zur Auszehrung der Bodens ein paar Jahrzehnte lang bewohnten. 2003 wurde bei Grabungen für eine Erdgastrasse bei Zschernitz im Altkreis Delitzsch eine 30 Zentimeter hohe, stark männlich geprägte Tonfigur gefunden, das älteste europäische Fruchtbarkeitssymbol der jüngeren Linienbandkeramik (Bild 1).

Jahrhunderte des Ackerns und Erntens ließen durch traditionelle Bauernwirtschaft (Bild 2) eine Kulturlandschaft entstehen, die sich gleichsam durch einen ungeheuren natürlichen Reichtum an Tier- und Pflanzenarten wie Klatschmohn und Feldrittersporn (Bild 3, 4) auszeichnete, der aber seit etwa 200 Jahren mit dem raschen Fortschritt auf wissenschaftlich-technischem Gebiet nach Albrecht Daniel Thaers „Rationeller Landwirtschaft“ – also Düngung, Züchtung, Melioration, Pflanzenschutz, Landmaschinen (Bild 5) bis Gentechnik – und damit verbundener ungeheurer Ertragsentwicklung und Produktivität heute völlig aufgebraucht ist. Artenschwund ist eines der globalen Menschheitsprobleme neben Hunger und es gilt abzuwägen, ob ein Leben des Menschen nur mit Haustieren und Nutzpflanzen möglich ist oder ob nicht doch mit den Wildformen ein Frieden geschlossen werden muss, um das Ökosystem Erde zukünftig im Gleichgewicht zu halten.

Bei Liemehna zeigen Öko-Landwirte, wie es gehen kann (Bild 6). Der Mensch lebt nicht vom Brot allein, aber sind wir schon klug, müssen wir nun auch weise werden.

1 Adonis von Zschernitz

2 Roggenpuppen

3 Klatschmohn

4 Feldrittersporn

5 Die letzten Ähren

6 Ökofeld

DER GROSSE SUMPF

Zwischen Grimma und Grethen zieht sich der größte sächsische Erlensumpfwald (Bild 1) an der Parthe entlang, der sich durch den Aufstau des ohnehin schon träge fließenden Flüsschens auf dem bis an die Oberfläche reichenden Felsuntergrund in Jahrtausenden entwickeln konnte. Hier wachsen neben Sumpfschwertlilie, Moorbirke und Sumpfblutauge (Bild 2) noch letzte Exemplare eines der seltensten Farne, der Kammwurmfarn, weshalb auch das ganze Gebiet samt anliegender Wiesen seit den 1960er Jahren als Naturschutzgebiet ausgewiesen ist. Sogar der Fischotter, der am Gesamtlauf der Parthe jagt, wegen deren Untertunnelung allerdings nur bis vor den Leipziger Hauptbahnhof, hinterlässt auf erhabenen Stellen seine Reviermarken: charakteristische, mit Fischschuppen und -gräten durchsetzte Kotballen. Den kleinen Wasserteufel selbst bekommt man in der Regel nicht zu Gesicht, obwohl er sich angesichts der Verbesserung der Wasserqualität und damit steigender Fischpopulationen wieder gut eingelebt hat.

Zum Schutzgebiet gehört auch der an Grimma grenzende und bis zur Wende als Truppenübungsplatz genutzte Ruhmberg, eine Porphyrkuppe mit wertvollem Offenland, auf dem verschiedene Magerrasenpflanzen wie das Tausendgüldenkraut (Bild 3) sowie seltene, von unseren Feldern und Wiesen längst verbannte Vogelarten wie Wiedehopf (Bild 4), Rebhuhn und Wachtelkönig ihre letzten Rückzugsräume erhalten haben.

Übrigens verhinderte der Bergrücken auch ein vorzeitiges Einmünden der Parthe in die nur drei Kilometer entfernte Mulde; wäre dies gelungen, entstünde ein die 30 Höhenmeter abfallendes, romantisches Wildbachtal und Taucha wäre kein Parthestädtchen mehr.

1 Grethen, Alter See

2 Sumpfblutauge

3 Tausendgüldenkraut

3 Wiedehopf

VEREINIGUNG AM PILZ

Es ist ein Ort, wo jeder brave Sachse schon einmal gestanden haben muss, verbindet sich doch hier wie mit einem Schleifenband durch die Wässer der drei Mulden der Großteil unseres schönen Heimatlandes: am Pilz bei Sermuth (Bild 1). Da kommt vom Südwesten die 128 Kilometer lange Zwickauer Mulde aus dem oberen Vogtland bei Schöneck mit der aus dem Südosten vom böhmischen Kamm des Erzgebirges heranströmenden, nur 102 Kilometer langen, aber wasserreicheren Freiberger Mulde zusammen (Bild 2), um von nun an vereint als Mulde die weiteren 124 Kilometer bis zur Einmündung in die Elbe bei Dessau-Roßlau zu absolvieren.

Zwei Zeugen bewachen den Zusammenfluss: Colditz und Podelwitz (Bild 3), zwei einst wehrhafte Renaissanceschlösser, das erste vom Berg, das andere vom Wasser aus, was diesem von Anfang an nicht gerade zum Vorteil geriet, wenn die zahlreichen Hochwässer an den Mauern nagten. Zumindest der Gründer der Burg Podelwitz wusste sein Seelenheil zu sichern, wenn er das auf dem Berg liegende Collmen für seine Grablege auserkor, wovon der „Ritterstein" aus dem 12. Jahrhundert zeugt (Bild 4). Die Besitzer des Wasserschlosses wechselten häufig. Nach dem Krieg wurde es als Wohnung und Kindergarten, heute als Begegnungsstätte, Pension und Heimatstube, das Nebengebäude gastronomisch genutzt. Immerhin verläuft auch hier wie an allen Muldeteilen der 366 Kilometer lange Mulderadweg (Bild 5).

Schloss Colditz (Bild 6) war ab 1404 kurfürstliches Jagdschloss (Colditzer Forst), um 1600 Witwensitz und ab 1803 „Arbeitshaus" und „Irrenanstalt", wie man damals Gefängnisse oder psychiatrische Kliniken nannte. Im Zweiten Weltkrieg wurde es Gefangenenlager für alliierte Offiziere, OflagVIc genannt, weshalb Colditz heute noch mehr von Briten besucht wird als von Deutschen: Wallfahrt zur Stätte zahlreicher Fluchtversuche des Grandpas. Heute ist es schwer, so große Objekte zweckvoll zu nutzen, aber Museum und Jugendherberge wurden eingerichtet, 2010 die Landesmusikakademie.

1 Sermuth, am Pilz

2 Sermuth, Vereinigung der Mulden

3 Podelwitz, Schloss

4 Skizze des Rittersteins der Collmener Kirche

5 Hinweis auf den Muldentalradwanderweg

6 Colditz

„FRISCH AUF" DÜBENER HEIDE

Es ist praktisch das Naherholungsgebiet für die Nordostleipziger: das große zusammenhängende Waldgebiet zwischen Mulde und Elbe, umrahmt von hübschen Ackerbürgerstädtchen wie Düben, Schmiedeberg (Bäder sogar!), Gräfenhainichen und einer Residenzstadt, Torgau. Aber der Wert des Naturparkes mit seinem Kern, dem Naturschutzgroßprojekt „Presseler Heidewald- und Moorgebiet", liegt im Zusammenspiel seiner Kieferheiden (Bild 1), Buchenreviere, Moore, Teiche und Fließe, die Kühlung verschaffen, Sauerstoff produzieren und uns mit Frischluft versorgen – unabdingbar für unser Weiterleben während drohender Klimaveränderungen. Der Wert liegt natürlich auch im enormen Reichtum an Pflanzen und Tieren, deren Spektrum zusehends mit unserem wachsenden Flächenverbrauch, Schadstoffeinträgen und anderen Lebensraumeingriffen in Konflikt gerät. In den nach der letzten Eiszeit vor etwa 15000 Jahren entstandenen Mooren wie Wildenhainer- oder Zadlitzbruch finden wir noch Wollgras, Sonnentau (Bild 5) – eine sogenannte fleischfressende Pflanze –, Moosbeere und Königsfarn (Bild 2). Es brüten in der Heide über 30 Kranichpaare (Bild 3), die Vögel des Glücks, und der Biber ist hier zu Hause. Im 18. Jahrhundert wurden die Moore zwar teilweise ausgetorft, genießen aber heute wieder höchsten Schutz zu ihrer Renaturierung. Ob sie in zehntausend Jahren wieder 10 Meter mächtig werden können, steht allerdings in den Sternen.

Aber auch zur Holzgewinnung, Köhlerei und Jagd wird der Wald genutzt; einen Höhepunkt stellt die Anfang November stattfindende Hubertusjagd mit öffentlichem Abschluss am Torfhaus bei Wöllnau dar. Der Waldboden ist im Herbst reich mit Pilzen und Waldbeeren gedeckt. Waldteiche wie der Presseler Neumühlteich (Bild 4) oder der Dahlenberger Stausee laden – fernab vom Trubel eines Schladitzer Sees – zum Baden und ein paar überlebende Wald- und Dorfgaststätten zur Einkehr ein.

Denn schließlich ist es ein bevorzugtes Wanderrevier, in dem statt „Hallo“ und „Hi“ der alte Heidjergruß bei allen Begegnungen erschallen muss: „Frisch auf“.

1 Dübener Heide, Schöne Aussicht, Besenheide

2 Dahlenberg, Erlenbruch, Königsfarn

3 Kraniche

4 Pressel, Neumühlteich

5 Zadlitzbruch, Sonnentau

DELITZSCH – GESCHUNDENE REGION

Die nördlich gelegene nahe Kleinstadt besticht als „Stadt der Türme“ neben den beiden noch vorhandenen Stadttürmen natürlich mit Schloss und Hauptkirche. Während das Schloss (Bild 1) weniger als Residenz-, sondern mehr als Reise- und Witwensitz des Herzogtums Sachsen-Merseburg diente, jetzt auch als sehenswertes Museum eingebettet in einen kleinen, aber feinen Park seinen barocken Glanz verstrahlt, liegt die gotische Backsteinkirche St. Peter und Paul (Bild 2) schützend wie eine Glucke über der ebenfalls sehenswerten barocken Altstadt. Wer vor ihrem wuchtigen Westturm nach der Uhr schaut, erlebt das Drama der Vertreibung aus dem Paradies – ursächlich durch die Darreichung des berüchtigten Apfels von Eva an Adam – stündlich (Bild 3).

Delitzsch kam nach dem Wiener Kongress zu Preußen, ist aber heute wieder rein sächsisch und von hier stammt auch der berühmteste Sohn Herrmann Schulze-Delitzsch, der Begründer des deutschen Genossenschaftswesens, also schon weit vor den ersten LPG-Gründungen.

Die Stadt wurde über Jahrzehnte bedrängt durch den Braunkohleabbau: im Norden das Bitterfelder Revier, heute mit dem Seelhäuser See und der Goitzsche, sowie im Süden das Breitenfelder und Südwestdelitzscher Revier mit dem Werbelliner, Grabschützer und Schladitzer See (Bild 4) seit der Stilllegung 1993 „entschädigt“. Überall besteht Ausgewogenheit zwischen Freizeitnutzung und nachhaltigem Naturerhalt, wie am Naturschutzgebiet „Grabschützer See“, wo sich mit der Renaturierung neben viel wertvoller Flora und Fauna bereits Wölfe angesiedelt haben. Sehenswert ist auch Europas größtes Schaufelrad (Bild 5), das in Gerbisdorf aufgestellt wurde.

1 Delitzsch, Schloss

2 Delitzsch, St. Peter und Paul

3 Delitzsch, Kirche St. Peter und Paul
(Eva reicht Adam den Apfel stündlich!)

4 Schladitzer See

5 Gerbisdorf, Europas größtes Schaufelrad

DIE MITTELALTERLICHEN AUTOBAHNEN

Zwei „Autobahnen“ durchschnitten Europa im Mittelalter vor etwa 1000 Jahren: die „via regia“, die Königsstraße, von Santiago de Compostela über Leipzig nach Krakau und Moskau, sowie die „via imperii“, die Reichsstraße von Stettin über Leipzig nach Rom. Händler, Pilger und Söldner waren ihre Hauptnutzer. Burgen wie Düben (Bild 1) und Püchau sicherten vor allem an neuralgischen Stellen wie Flussübergängen ein gefahrloses Queren. Reisen zu Fuß, mit Ochsen- oder Pferdekarren erforderte aller 20 Kilometer einen Ausspannhof zur Übernachtung und sicheren Verwahrung des Handelsgutes, wie den „Blauen Engel“ (Bild 2) in Panitzsch, den „Roten Hahn“ in Krensitz (Bild 3) oder den „Goldenen Löwen“ (Bild 4) in Düben, Letztere an der heutigen B 2.

Dort spielte sich auch die Tragödie ab, die Kleist im „Michael (richtig Hans) Kohlhaas“ bekannt machte. Dem Berliner Händler Kohlhaas wurden auf der Fahrt zur Leipziger Messe vom Ritter Zaschwitz auf Schnaditz bei Düben die Pferde „ausgespannt“, weshalb dieser klagte, das Verfahren jedoch auf der Burg Düben verlor und daraufhin in Selbstjustiz des Raubritters Stadthäuser in Wittenberg anzündete sowie nach der Fehdeerklärung an Sachsen auf der Rückseite einer Pik-10-Spielkarte einen sächsisch-kurfürstlichen Handelsmann bei Potsdam überfiel und beraubte. Das war auch nicht zielführend, weil Kohlhaas schließlich von einem Neuköllner Gericht zum Tode verurteilt und gerädert wurde.
Interessant auch, dass ein Hochwasser 1507 die zu deckende Muldeüberfahrt bei Püchau von der Burg weg auf die Wurzener Seite verschlug, weshalb die alte Königsstraße über Taucha nach Panitzsch und Wurzen abbog, um später direkt von Leipzig nach Wurzen zu führen – heute B 6.

In der Moderne werden parallel der alten historischen Trassen die spirituellen Ziele in sich gekehrten Wallfahrens als Jakobs- oder ökumenische Pilgerwege wieder neu aufgelegt, um der Hektik der Welt zu entgehen. Hektik ist immer; nur wer glaubt, wird selig.

1 Burg Düben

2 Panitzsch, Blauer Engel

3 Krensitz, Roter Hahn

4 Bad Düben, Goldener Löwe, Posthalterei

DAS BÄDERZWEIECK

Nicht so berühmt wie die vogtländischen oder böhmischen Bäder, aber gleich nördlich von Leipzig, im Norden und Süden der Heide, locken die Städtchen Schmiedeberg und Düben Erholung- wie Heilungsuchende seit 1925 bzw. 1948 in ihre Bäder, die schon seit viel längerer Zeit mit reichlich vorhandenen Moorpackungen körperliche Beschwerden zu lindern verstanden. Handel und Verkehr entzogen sich der Städte über neue Autobahnen und von irgendetwas mussten die Bewohner ja leben. In Schmiedeberg, dessen prächtige Kaufmannshäuser, mittelalterliches Au-Tor (Bild 1) und Renaissancerathaus heute von besseren Zeiten künden, sprudelte noch eine eisenhaltige Quelle zutage, die man mit der Errichtung eines Kurhauses im Jugendstil (Bild 2) beglückwünschte – eine architektonische Zeitreise. Die Wende wegen wegfallender Kassenpatienten mit einem Spaßbad aufzuwerten schlug fehl, aber breit aufgestellt und unter Zuhilfenahme Pfarrer Kneipps Rundumversorgung mit Licht, Luft, Wasser, Diät, Ruhe und Bewegung konnte sich das 1878 gegründete Eisenmoorbad als „Moor-, Mineral- und Kneippkurbad" neu aufstellen und sich über stationäre Reha-Kuren, Privatkuren, Trink- und Moorbehandlungen eine Zukunft sichern. Die nähere Umgebung lockt mit gastronomischen und kulturellen Ausflugszielen wie zum „Gollmer Weinberg" (Bild 3), zum Kaiser-Wilhelm-Turm „Schöne Aussicht" mit Fernsicht bis zum Leipziger Völkerschlachtdenkmal oder zum Wasserschloss Reinharz. In Düben gründete man – nachdem beim Bohren nach Braunkohle eine wertvolle Torfschicht gefunden wurde – 1915 das Eisenmoorbad. Schon vorher wurde die Stadt mit guter Luft, idyllischer Ruhe und einem 1846 angelegten Kurpark (Bild 4) – der älteste öffentliche Deutschlands – als Sommerfrische beworben. Heute komplettiert das Heide-Spa die öffentliche Bäderlandschaft, und auch die Stadt selbst hat einige Sehenswürdigkeiten zu bieten, wie das Rathaus (Bild 5) mit der Ziegenbockuhr, das Naturparkhaus oder die Burg mit ihrem Museum.

1 Bad Schmiedeberg, Au-Tor

2 Bad Schmiedeberg, Kurhaus, 1908 erbaut

3 Bad Schmiedeberg, Gollmer Weinberg

4 Bad Düben, Badehaus im Kurpark

5 Bad Düben, Rathaus

DIE DEUTSCH-ORDENSKIRCHE PODELWITZ

Die im Leipziger Norden liegende Podelwitzer Dorfkirche (Bild 3) ist ein Kleinod unter den Kirchen unserer Umgebung, sowohl von der Ausstattung als auch der Geschichte her. 1250 unterzeichnete der Thüringer Land- und Sächsische Pfalzgraf Heinrich der Erlauchte auf der Neuenburg eine Schenkungsurkunde für den Deutschen Orden, eine römisch-katholische, 1190 auf dem dritten Kreuzzug im Heiligen Land gegründete Gemeinschaft zur Hilfe für Kranke, Verwundete und Bedürftige, eine frühe Kirche in Podelwitz betreffend. Der Orden besteht noch heute als „Spital des deutschen Adels“ mit 1100 Mitgliedern; sein Großmeister residiert im baden-württembergischen Deutschordensschloss Mergentheim. Vom damaligen Erstbau in Podelwitz zeugt heute nur noch wenig, weil im 15. Jahrhundert eine rege gotische Bautätigkeit die Kirche in den heutigen Status versetzte, was der Turm, die Decke mit Netzrippengewölbe und vor allem der Altar deutlich machen. Der 1520 geschaffene Altaraufsatz (Bild 1) kann in All-, Sonn- und Feiertagsansicht aufgeklappt werden und zeigt im Untersatz zwei Wappen: das schwarze Kreuz des Deutschen Ordens und das Rot-Weiß-Karo derer von Plaußig (Bild 2), die in jener Zeit das neben Podelwitz gelegene Rittergut Güntheritz besaßen und sich offensichtlich als Mitstifter des kostbaren Altarretabels verewigten. Auf einem Bleiglasfenster erkennt man auch das Wappen derer von Haugwitz aus Taucha, beides bedeutende meißnische Adelsgeschlechter, die möglicherweise auch Ordensritter waren. Sowohl Martin, dem die Plaußiger, als auch Mauritius, dem die Tauchaer Kirche geweiht ist, zieren die Feiertagsansicht des Altaraufsatzes.

Nach der Reformation wurden Orden und Stiftsgut enteignet, der Altar nur mühselig bezahlt und 1594 die aufwändig gestaltete Kanzel, die von Moses mit den Gesetzestafeln getragen wird, sowie das Gestühl eingebaut. Davor durften nur geistliche und weltliche Herren auf den Choremporen (nicht mehr vorhanden) sitzen, alle anderen Teilnehmer an der Messe standen. Die Brüstungen der Emporen im Kirchenschiff wurden ab 1701 als Bilderbibel kunstvoll ausgemalt. Die Sakristeitür zeigt fast lebensgroß Johannes den Täufer.

1 Podelwitz, Kirche, Altaraufsatz

2 Podelwitz, Kirche, Altaruntersatz

3 Die Deutschordenskirche Podelwitz

WINDMÜHLEN MAHLEN

Der Altkreis Delitzsch ist seit der Jungsteinzeit ob seiner guten, mit Löss- und Schwarzerde angereicherten Böden bevorzugtes Siedlungsgebiet: Ackersteppe, baumlos unter Ausnutzung jedes Fleckchens nutzbarer Erde, die selbst Rittergutsbesitzer auf größere Parkanlagen verzichten ließ; Rüben- und Weizenboden mit guten Erträgen, die von jeher natürlich auch vor Ort verarbeitet wurden, wozu für Brot- und Futtergetreide findige Dorfstellmacher mechanische Mühlen entwickelten, die ob ihrer Einfachheit noch heute funktionieren. Und der Wind, eine neben Wasser wichtige Energiequelle der früheren Zeit (mit heutigem Renaissancepotential), blies beständig über die ährenschweren Felder, was zu einer der höchsten Windmühlendichte Deutschlands führte. Der Nordsächsische Mühlenverein präsentiert anlässlich des deutschlandweiten Mühlentages immerhin noch derer 18 von sicher mehr als doppelt soviel aus früherer, vorindustrieller Zeit, da fast jedes Dorf sein Mehl selbst zubereitete.

Älteste Modelle aus dem 16. Jahrhundert waren Bockwindmühlen, wo auf dem Zapfen eines vierbeinigen Bockes der mächtige Hausbalken den gesamten Mühlenkörper trug, der wiederum mittels eines Sterzes in den Wind gedreht wurde und gleichsam als Stütze bei starken Stürmen diente, wie an der Mühle Hohenroda (Bild 1). Eine Weiterentwicklung stellt die Paltrockmühle dar, bei der das ganze Haus auf einer Rundschiene stand und sich mittels eines kleinen Windsteuerrades selbständig im Wind halten konnte, wie Mühle die Audenhain (Bild 2). Als dritte Form finden wir die aus dem Norden eingewanderten Turmwindmühlen, meist ein gemauertes Rundgebäude, dessen Turmkopf mit den Flügeln ebenfalls durch ein kleines Steuerrad drehbar im Wind stehen konnte, wie in Paschwitz (Bild 3).

Bei aller Einfachheit der vorwiegend hölzernen und damit vom Müller oder Stellmacher selbst zu reparierenden Technik überraschen raffinierte Details wie ein Schrägstockgetriebe in der Zwochauer Mühle, das ein sanftes Schalten (Kupplung war fremd) ermöglichte (Bild 4).

1 Hohenroda, Bockwindmühle

2 Audenhain, Mühle

3 Paschwitz, Mühle

4 Zwochau, Bockwindmühle mit Schrägstockgetriebe

STADT AUS EISEN

Gräfenhainichens berühmtester Sohn ist sicherlich der hier 1607 geborene Kirchenliedermacher Paul Gerhardt, dessen Lieder in allen deutschen Kirchen gesungen werden – ältere Gottesdienstbesucherinnen singen ihm zu Ehren sogar den unter der letzten Strophe stehenden Namen zum Orgelschlussakkord noch mit – und dem im Ort eine Gedenkkapelle errichtet wurde. Der im nahen Radis 1812 geborene Astronom Johann Gottfried Galle entdeckte den Planeten Neptun, womit sich auch schon fast alles Nennenswerte erschöpft, sieht man vom historischen Stadtbild einmal ab, das mit Rathaus (Bild 1), Stadtkirche und -türmen (Bild 2) eine einladende kleinstädtische Atmosphäre verbreitet.

Wenn da nicht der Braunkohlebergbau seine abschließend positiven Spuren hinterlassen hätte. Historische Abbauhinterlassenschaften finden wir beim Ochsenkopf, wo der Tagebau kleine zum Baden einladende Restlöcher wie den Königssee hinterließ. Am Gröbener See ist neben geologischem Eiszeitgeschiebe ein 125 000 Jahre alter, restaurierter Waldelefant ausgestellt und auf einer Halbinsel des Gremminer Sees steht Ferropolis, die Stadt aus Eisen. Neben verschiedenen Einrichtungen zum Fördergeschäft ragen fünf stählerne Dinosauriere (Bild 3) in den Himmel, zum Teil besteigbar für herrliche Rundblicke über die Gott sei Dank noch verbliebene Waldlandschaft der Dübener Heide, aber auch für Musik- und andere Veranstaltungen mit Bühne und Tribüne eingerichtet. Für die schlaflosen Nächte der Gräfenhainicher ...

1 Gräfenhainichen, Markt

2 Gräfenhainichen, Stadtkirche und -turm

3 Ferropolis

GRENZ-GESCHICHTEN

Wurde noch nach dem Siebenjährigen Krieg im Hubertusburger Frieden 1763 der sächsische Gebietsbestand vollständig erhalten, obwohl Preußenkönig Friedrich II., der Alte Fritz, eine totale Annexion Sachsens als wünschenswert erachtete, ging es nach der Völkerschlacht bei Leipzig, wo die Sachsen auf Seiten Napoleons standen, dann richtig zur Sache. Im Ergebnis des Wiener Kongresses 1815 stand auch wieder ganz Sachsen auf dem Preußischen Wunschzettel, was aber den Österreichern wegen der Grenznähe zu Böhmen nicht behagte und sie auf die Festung Torgau verzichten ließ, wenn Leipzig bei Sachsen bliebe. Dann bot noch der russische Zar aus Ungeduld über die sich in die Länge ziehenden Verhandlungen Preußen die polnische Weichselfestung Thorn gegen Leipzig an und man einigte sich schließlich derart, dass in unserem Falle Torgau, Eilenburg und Delitzsch sowie alle Gebiete nördlich davon preußisch wurden, weshalb nach detaillierten Grundstücksplänen dann auch eine flurgetreue Grenzlinie mit Steinen markiert und gesichert wurde. Dabei begradigte man nicht und zog z.B. die Grenze zwischen Merkwitz und Pönitz preußisch korrekt und so kammartig verzahnt, wie die Flurstücke lagen. Zeugnisse finden wir in Podelwitz (Bild 1, 2), Taucha-Pönitz, wo eine unterlegte Porzellanmedaille (Bild 3) den Standort auch bei Verlust des Steines noch auffindbar macht, bei Kollau südlich von Eilenburg, wo auch eine zusätzliche Holzmarkierung zum Einsatz kam (Bild 4), oder an der Eilenburger Straße (B 87) zwischen Taucha und Gordemitz, wo die Grenze die Straße querte (Bild 5). Hier steht auch noch ein altes Zollhaus. Die preußische Provinz Sachsen wurde 1944 aufgehoben, 1945 zur Provinz Sachsen, 1947 Sachsen-Anhalt und erst mit der Verwaltungsreform 1952, die die Bezirke Leipzig, Chemnitz (Karl-Marx-Stadt) und Dresden einführte, kamen Delitzsch, Eilenburg und Torgau wieder in sächsische Tradition und schließlich 1990 in den Freistaat Sachsen.

1 Podelwitz, Landesgrenze Sachsen-Preußen

2 Podelwitz, Landesgrenzstein

3 Grenzsteinsicherung

4 Kollau, Preußisch-Sächsischer Grenzstein

5 Grenzstein zwischen Taucha und Gordemitz

RATTE-, MAUS- UND KATZELAND

Historisch wurde das Kohrener Land vor allem durch das im 13. Jahrhundert aus der Schweiz nach Sachsen gekommene Adelsgeschlecht derer von Einsiedel geprägt, das später u.a. hier Kohren, Sahlis, Wolftitz und Gnandstein (Bild 1) als Hauptwohnsitz mit noch heute geöffnetem Museum besaß und hohe Ämter am Sächsischen Hof begleitete, bis hin zu Heinrich von Einsiedel, der 1994 bis 1998 für die PDS im Bundestag saß – alles ist möglich! Interessant auch die Streitwald-Story, wo schon weit vor ihrer Zeit der zwischen Kohren und Frohburg liegende damalige Rochlitzer Wald in zähen Gerichtsverhandlungen von Stift Merseburg gegen Markgraf Ekkehard I. nach 21 Jahren schließlich für Letzteren „erstritten" wurde und so zu seinem Namen kam. Hier finden wir auch mit etwas Glück am Wegesrand die schönsten Zeugnisse der geologischen Vergangenheit, farbigen Bandjaspis (Bild 2) aus der Asche jahrmillionenalter Vulkantätigkeit.

Kaolin, das Porphyrverwitterungsprodukt, schuf auch hier wieder die Grundlage der seit Jahrhunderten ausgeübten Tradition des Töpferns, die man in Kohren in Schautöpfereien, dem Museum und dem Wahrzeichen der Stadt, dem vom Kunstkeramiker Kurt Feuerriegel 1928 geschaffenen Töpferbrunnen (Bild 3), bewundern und auch wieder erwerben kann; unverwechselbar: weiße Punkte auf blauem Grund.

Aber dem Kunstsinnigen eröffnen sich noch weitere Genüsse. 1754 erwarb der Leipziger Agrarwissenschaftler Wilhelm Crusius von den Einsiedels Sahlis, Kohren und auch Gut Rüdigsdorf als Sommersitz, um landwirtschaftlich zu praktizieren, aber auch durch Schaffung lieblicher Parkanlagen das Landleben seiner Familie und deren Gäste zu verfeinern. Dem diente auch der an Gärtnerhaus und Wintergarten angebaute Musikpavillon, den im 19. Jahrhundert schließlich Moritz von Schwind maßgeblich mit allegorischen Wand- und Deckenmalereien „Aus dem Leben der Psyche“ ausgestaltete (Bild 4).

Abschließend kann man sich den lukullischen Genüsse im Lindenvorwerk des Rüdigsdorfer Gutes, jetzt eine beliebte Ausflugsgaststätte, hingeben, nicht bevor man noch der nebenliegenden musealen Lindigtmühle (Bild 5) am romantischen Mühlteich einen Besuch abgestattet und sich tiefgreifende Gedanken zum seltsamen Gewässernetz der Gegend, wo die Bäche Ratte, Maus und Katze heißen, gemacht hat.

1 Gnandstein, Burg aus dem 13. Jahrhundert

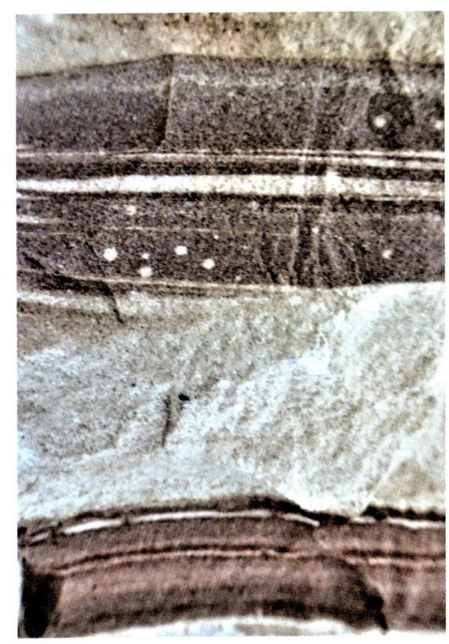

2 Rüdigsdorfer Bandjaspis

3 Kohren, Töpferbrunnen

4 Rüdigsdorf, Schwind-Pavillon

5 Lindigtmühle

DER METHUSALEM VON NÖBDENITZ

Nöbdenitz ist ein Stadtteil von Schmölln, der sowohl etwas weiter als eine Stunde von Leipzig als auch augenblicklich in Thüringen liegt. Aber was tuts? Im 12. Jahrhundert ersterwähnt, bis 1920 sächsisch, dann bis 1952 thüringisch, danach wieder sächsisch und schließlich ab 1990 wieder zu Thüringen gehörig, birgt es doch einen Schatz, der all die Jahre unverändert am Friedhof in der Ortsmitte fest verwurzelt ist: die 1000-jährige Eiche (Bild 1). Sie zählt, wie die Ivenacker Eichen, mit realen 800 Jahren trotzdem zu den ältesten Deutschlands – wenn auch im Guinessbuch der Rekorde ihr Alter mit 2000 Jahren angeführt ist – und hat in dieser Zeit mehr als genug erlebt. Bereits im Kirchenbuch von 1598 als hohl beschrieben (Schwefelporling, der Kernholztöter!), wurde sie 1815 vom Blitz und wenig später vom Sturm so getroffen, dass die Hälfte der Krone ausbrach, und 1824 ließ sich der damalige Besitzer des Nöbdenitzer Rittergutes (Bild 2), Staatsminister von Sachsen-Gotha-Altenburg, Freiherr von Thümmel, in einer innerhalb des Baumes geschaffenen Grabgruft beerdigen.

Der heutige Baum weist einen Umfang von 12,7 Metern auf und hält sich mit einem im Inneren aufwachsenden Adventivstamm sowie einem von außen angefertigten Stahlkorsett für die nächsten Jahre fit. Auch die Dorfstraße wurde nach Abriss eines Grundstückes extra so verlegt, dass sie den Wurzelbereich nicht mehr beeinträchtigt.

Einmal in der Gegend, sollte man auch der nur zwei Kilometer entfernten Burg Posterstein (Bild 3) einen Besuch abstatten, die im 12. Jahrhundert von den Herren von Nöbdenitz auf einem Bergsporn als „Stein“ angelegt, aber im 15. Jahrhundert schon deren von Puster gehörig als Posterstein bekannt wurde. Der Bergsporn liegt auf einem Bruch, wo alte silurische Schichten von Porphyr durchstoßen wurden und noch 1872 ein spürbares Erdbeben nachgewiesen werden konnte. Ein Burgmuseum samt Verlies und 25 Meter hohem Bergfried sowie die spätgotische Burgkirche (Bild 4) mit wertvollen barocken Schnitzereien laden zur Besichtigung ein.

1 Nöbdenitz, Grabeiche

2 Nöbdenitz, altes Gutshaus

3 Posterstein, Burg

4 Posterstein, Burgkirche

DAS GROSSE WASSER

Südöstlich von Bitterfeld und zu einem Drittel auf nordsächsischer Flur liegt mit 24 Quadratkilometern der zweitgrößte Tagebausee des mitteldeutschen Bergbaureviers, der große Goitzschesee (ausgesprochen Gottsche), der vom 1948 geteuften und bis 1991 betriebenen Tagebau Goitzsche übrigblieb. Im Laufe seiner Erweiterung wurde die Mulde 1975 verlegt, und zwar so, dass sie in den ausgekohlten Tagebau Muldenstein eingeleitet und dieser dadurch gleichzeitig als Hochwasserschutzbecken zum Muldestausee umfunktioniert wurde. Die kontrollierte Füllung der Goitzsche wurde aber durch die Jahrhundertflut der Mulde 2002 schlagartig über die Sollhöhe erfüllt, weil in zwei Tagen der Pegel um 7 Meter anstieg, den See zum Überlaufen brachte und die Stadt Bitterfeld überschwemmte. So schuf sich die Natur durch ein großes Wasser ein neues großes Wasser, indem sie bei Löbnitz die Mulde einfach wieder in ihren ursprünglichen Lauf dirigierte und einen großen, noch lange an das Ereignis erinnernden Riss hinterließ (Bild 1).
Neben 600 Milliarden Kubikmetern Rohbraunkohle u.a. für die chemische Industrie von Wolfen und Bitterfeld wurden auch 400 Tonnen Bernstein (Bild 2) zur Weiterverarbeitung als Schmuck in Ribnitz-Damgarten an der Ostsee gewonnen, aber es mussten auch 3800 Einwohner aus sechs völlig oder teilweise überbaggerten Ortschaften umgesiedelt werden. Heute erfreut uns nach erfolgter Renaturierung, wie überall im Leipziger Neuseenland, wo aus Fluch Segen wurde, eine grandiose Erholungs- und Naturlandschaft. Ein 30 Kilometer langer Rundweg erschließt das Naturschutzgebiet. Vom neuen Wahrzeichen der Region, dem 2006 mit 28 Metern Höhe errichteten Bitterfelder Bogen (Bild 3), aber auch vom 26 Meter hohen Pegelturm (Bild 4) kann man eine Rundumaussicht auf Badestrand, Marina, die 1896 erbaute, heute als Hotel mit Gaststätte genutzte Bernsteinvilla sowie die Weite der 2005 für den Wassersport freigegebenen Gewässer und umliegende Wälder genießen.

1 Riss bei Löbnitz

2 Bernstein

3 Bitterfelder Bogen

4 Pegelturm in der Goitzsche

VÖLKERSCHLACHTS-SPLITTER

Als der selbstgekrönte französische Kaiser Napoleon seine Welteroberungspläne umzusetzen begann, fiel er, noch bevor sich Allianzen bildeten, 1805 in Wien ein, brachte 1806 mit dem Rheinbund zahlreiche deutsche Kleinstaaten, auch Sachsen, hinter sich, um dann 1812 gen Moskau zu ziehen, das ihn aber mithilfe seines sibirischen Winters vernichtend zurückschlug. In den sich daran anschließenden Befreiungskriegen spielte die Völkerschlacht bei Leipzig im Oktober 1813, wo die Entscheidung für den schmählichen Rückzug des Usurpators eingeleitet wurde und schließlich 1815 bei Waterloo das absolute Ende fand, eine entscheidende Rolle.
Von den 600000 beteiligten Kriegern bei Leipzig blieb fast jeder sechste auf dem Feld, von den ungezählten zivilen Opfern durch Hunger, Krankheiten oder Totschlag ganz zu schweigen. Es war die blutigste Schlacht seit Menschengedenken, weshalb auch sehr viele verschiedene Zeitzeugnisse und Denkmäler erhalten sind, um die Menschheit vor Wiederholungen zu bewahren – leider, wie die Geschichte lehrt, nicht nachhaltig.

Abgesehen von den wohl bekanntesten wie Völkerschlachtdenkmal, Russische Gedächtniskirche, Napoleon-, Apel- und andere Steine wollen wir rund um Leipzig weniger bekannte in Augenschein nehmen.

Da zeigt das Seifertshainer Sanitäts- und Lazarettmuseum (Bild 1) die Vielfalt der bösen Kampfverletzungen und deren noch wenig ausgereifte Versorgung. In Großgörschen erinnern ein Monarchenhügel sowie Denkmäler der Gefallenen Scharnhorst (Bild 2) und Prinz von Hessen-Homburg in der ersten Großen Schlacht gegen Napoleon nach seinem verlorenen Russlandfeldzug und an der Westseite des Theklaer Kirchturms zeugen Kanonenkugeln (Bild 3) davon, dass selbst vor Gotteshäusern nicht Halt gemacht wurde. An der Plaußiger Parthebrücke erinnert ein von Altbürgermeister Grimm gestifteter Stein an den damals brückenlosen Flussübergang der Einheiten des Kronprinzen von Schweden, Graf Bernadotte (dessen Nachfahren auf der Blumeninsel Mainau auch sehr friedlich leben können) am 18. Oktober 1813 vor der Heiterblickschlacht. Um Tross und Geschütze gefahrlos zu überführen, hob man zahlreiche Scheunentore aus, um eine Überfahrt zu schaffen – außer vom nebenliegenden Rittergut: man war weitläufig verwandt ...

Auf dem Tauchaer Friedhof steht das Monument des bei Heiterblick gefallenen Generalfeldmarschalls von Manteuffel (Bild 4), der in russischen Diensten stand. Neben ihm, und das erstaunt den Besucher, liegt der englische Raketenpionier Bogue, wobei die damaligen Raketen sicher nicht mit unseren heutigen vergleichbar sind, und ein österreichischer Doppeladler an der Holzhausener Straße nach Seifertshain ehrt die gefallenen Helden der Donaumonarchie (Bild 5).

1 Seiffertshain, Sanitäts- und Lazarettmuseum

2 Scharnhorst-Denkmal bei Großgörschen

3 Leipzig-Thekla, Kanonenkugeln in der Kirchenmauer

4 Taucha, Manteuffelgrab

5 Leipzig-Holzhausen, Österreicher-Denkmal

EIN GEOLOGISCHES FENSTER

Am Ostrand des Städtchens Taucha ragen zwei Felskuppen empor, in denen seit alters her Pyroxenquarzporphyr gebrochen (Bild 1), neben dem nördlichen, dem Graßdorfer, auch Ton (Bild 2) abgebaut wurde. Hier erschließt sich uns lehrbuchhaft ein Einblick in die Erdgeschichte, die mit dem Ausbruch vulkanischer Massen vor 280 Millionen Jahren begann. Saurer Regen ließ während der Kreidezeit bis zum Tertiär den Porphyr zu Kaolin verwittern, der sich am Fuße bis 15 Meter dick als Ton ablagerte, auf dem durch Absenkung der norddeutschen Platte eine Meerestonschicht und auf dieser wiederum eine einen halben Meter starke tertiäre Braunkohle aus darauf sich entwickelndem Urwald zu liegen kam. Darüber schoben sich die Gletschermassen der quartären Elster- sowie Saaleeiszeit und hinterließen eine Moränenschuttdecke, die die Oberfläche bildet. Als Belege für die Urnordsee gelten gefundene Haifischzähne, für die Eiszeiten Gletscherschliffe (Bild 3) auf der Felsoberkante bzw. Feuersteine im aufliegenden Geschiebe.

Mit dem Erwerb des Rittergutes Graßdorf durch die Stadt Leipzig wurde der Steinbruchbetrieb ab 1797 als Ratssteinbruch forciert. Der Wert des Baumaterials überstieg den der Agrarprodukte, wovon die noch existierende Lindenallee zum Bruch Achtung zollt, wie ein späteres Ansinnen, die Parthe durch den Industriepionier Karl Heine für den Materialtransport zu kanalisieren. 1978 wurde der Betrieb eingestellt, ab 1991 der Bruch nach fragwürdigen sicherheitstechnischen und geologischen Gutachten verfüllt (Bild 5); auch Schutt und Aushubmassen zu entsorgen bringt Geld, wie sich zum dritten eine angedachte Sommerrodelbahn nach dem abschließenden Betriebsplan auf dem Bergrelikt bezahlt machen soll. Der Dewitzer Bruch wurde statt Verfüllung mit der Errichtung nobler Häuser auf der Oberkante als „Wohnen am See“ umgemünzt.

Der Ton wurde seit Ende des 19. Jahrhunderts zur Herstellung hochwertiger Ziegel genutzt, seit der Wende und dem Abriss der Brennöfen werden nur noch sporadisch kleine Mengen gefördert und schließlich steht auch hier eine abschließende Verfüllung bevor. Eine Gruppe Naturschutzjugend aus Plaußig initiierte die Sicherung, Aufbereitung und Unterschutzstellung als Geotop zur Anschauung für künftige Generationen, kam aber über das Aufstellen einer Übersichtstafel (Bild 4) nicht hinaus. Das Fenster schließt sich.

1 Steinbruch Graßdorf

2 Tongrube Cradefeld

3 Steinbruch Graßdorf, Gletscherschliff

4 Übesichtstafel zu Steinbruch und Tongrube Graßdorf

5 Steinbruch Graßdorf

EUROPÄISCHES MACHTZENTRUM ALTRANSTÄDT

Der Dreißigjährige Krieg hinterließ neben einer neuen Glaubens- auch eine neue machtpolitische Karte, vor allem im von den Schweden umfänglich von Bremen über Dänemark, Pommern bis ins tiefste Baltikum einschließlich der Newamündung vor St. Petersburg okkupierten Ostseeraum. In den Jahren des Großen Nordischen Krieges 1700 bis 1721 wollten Russland, Sachsen mit Polen, dessen Krone August der Starke trug, und Dänemark mit Norwegen die Vorherrschaft der Schweden im Ostseeraum brechen. Da stieg Altranstädt zum Zentrum der Weltpolitik auf, weil der siegreiche Schwedenkönig Karl XII. im hiesigen Schloss residierte (Bild 1), 1706 den sächsischen Kurfürsten zur Unterzeichnung des „Altranstädter (Diktat-)Friedens" und damit zum Verzicht auf die polnische Krone und weitere Kriegführung zwang sowie 1707 dem deutschen Kaiser Joseph I. mit der „Altranstädter Konvention" die Glaubensfreiheit der schlesischen Protestanten abrang. Ein Obelisk im Schlosshof erinnert daran (Bild 2). Da war es nur noch ein Gegner, Russland, den er 1708 in die Knie zu zwingen versuchte, jedoch im Jahr darauf in der Schlacht bei Poltawa musste er eine entscheidende Niederlage hinnehmen, was auch Sachsen und Dänemark ermutigte, wieder zu den Waffen zu greifen, um schließlich 1718 im norwegischen Frederikshald den endgültigen Sieg herbeizuführen. Schweden fiel als europäische Großmacht und Russland, das nun auch Zugang zur Ostsee erhielt, stieg unter Zar Peter I. auf.

Altranstädt, heute ein Ortsteil der Stadt Markranstädt, wurde durch den Verkauf des Dorfes Ende des 12. Jahrhunderts an das Kloster Altzelle bei Nossen ersterwähnt. Der später entstandene klösterliche Gutshof wurde nach der Reformation säkularisiert und erlebte als Rittergut verschiedene Besitzer, die 1620 das Schloss und 1745 die anschließende Kirche neu errichteten.

Heute befinden sich im restaurierten Schloss ein Museum (Bild 3), u.a. mit dem Friedenszimmer (Bild 4), ein Standesamt sowie Begegnungsräume und ein Café, beide Samstag-/Sonntagnachmittag geöffnet.

1 Schloss Altranstädt

2 Schloss Altranstädt, Obelisk im Hof

3 Schloss Altranstädt, Museum

4 Schloss Altranstädt, Friedenszimmer

DER KARL-HEINE-KANAL

Der Leipziger Rechtsanwalt und Unternehmer Karl Erdmann Heine erwies sich im 19. Jahrhundert mit der Wohnbebauung in Gundorf sowie ehemals Apels Garten, mit Bahn- und Kanalerschließungsplänen in Plagwitz, das er durch Straßen und Brücken an Leipzig anschloss, und schließlich 1856 mit dem Baubeginn des Elster-Saale-Kanals als echter Industriepionier. (Auch für eine Planung zur Kanalisierung der Parthe von Taucha bis Leipzig zum Transport der Baumaterialien aus dem Ratssteinbruch Graßdorf wurde er beauftragt, was jedoch rechtzeitig genug zurückgenommen wurde.) Allerdings kam er über 3,3 Kilometer Kanalbau nebst 15 Brücken bis zum geplanten Lindenauer Hafen nicht hinaus, aber seine Leistungen wurden mit einem Denkmal im Clara-Zetkin-Park (Bild 1) sowie der Benennung des Kanals und zweier Straßen (Erdmann-, Karl-Heine-Straße) nach ihm gewürdigt.

Erst 1933 wurde das Projekt als Arbeitsbeschaffungsmaßnahme für Tausende Arbeitslose wieder in Angriff genommen, Leipzig zur Seestadt mit Anbindung über Saale und Elbe an die Nordsee aufsteigen zu lassen. Allerdings wurden die Arbeiten 1943 nach 11 von 19 Kilometern Länge vor dem Saaleanschluss bei Kreypau und dem Schleusenrudiment bei Wüsteneutzsch sowie auch die am noch nicht angeschlossenen Lindenauer Hafen mit Kaimauer und Speicherbauten wieder eingestellt.

Nach dem Krieg stellte das blitzsaubere Gewässer einen idealen Ort zum wilden Baden und zum organisierten Rudersport dar.

2007 gründete sich der Elster-Saale-Kanal-Förderverein, der aber angesichts der geschätzten 200 Millionen Euro plus Folgekosten und der Tatsache, dass die Nutzung nur noch touristischen Erfolg verspricht, seine Grenzen weit überschritten sieht. Immerhin ist an den bis 1997 genutzten, jetzt denkmalgeschützten Speichergebäude am Hafen ein exklusives Wohnareal im Bau. 2015 wurde der Hafen an den Karl-Heine-Kanal angeschlossen und wenigstens ein asphaltierter Radweg soll an der Kanaltrasse bis an die Saale führen.

1 Leipzig, Clara-Zetkin-Park, Karl-Heine-Denkmal

2 Leipzig, Karl-Heine-Kanal

3 Leipzig, Lindenauer Hafen

SUPERVULKAN ROCHLITZ

Als vor etwa 290 Millionen Jahren der Urkontinent Pangäa auseinanderbrach, strömten riesige Massen von glutflüssigem Magma verbunden mit enormen Aschmengen durch das alte phyllitische Grundgestein und hinterließen einen riesigen Kegel jenes weltweit einzigartigen Porphyrs, der geologisch richtig ein Rhyolit-Tuff ist, eine verfestigte schaumflüssige Ascheschicht. Seine fleischrote poröse Konsistenz wurde schon vor Tausend Jahren als ein ausgezeichneter Werkstein anerkannt, abgebaut und unter anderem durch Hieronymus Lotter im Leipziger Alten Rathaus verbaut. Heute ist der Tuff Nationalerbe, der Abbau eingestellt und der etwa 350 Meter hohe Berg (Bild 1) mit einem Porphyr-Lehrpfad (Bild 2), aber auch anderen lohnenswerten Wanderwegen, einer Berggaststätte und einem König August gewidmeten Aussichtsturm (Bild 3), der uns Blicke bis zum Fichtelberg oder dem Leipziger Völkerschlachtdenkmal ermöglicht, touristisch gut erschlossen.

Zu Füßen und gleichsam ein guter Ausgangspunkt für eine Bergbesteigung liegt das namengebende Städtchen Rochlitz mit seinem Schloss (Bild 5). Aus einer frühromanischen Reichsburg bauten sich die Wettiner ab dem 12. Jahrhundert eine Nebenresidenz, später Witwensitz und Jagdschloss, ab dem 18. Jahrhundert wurde es als Behördensitz mit Amtsgericht und Haftanstalt genutzt, heute als Museum.

Verlässt man den Berg in Richtung Wechselburg, von wo sich dann am anderen Muldeufer ein schöner Rückweg über Fischheim nach Rochlitz anbietet, gelangt man über eine wildromantische Felspartie aus Glimmerschiefer über die Eulenkluft in die Muldeaue und kann dabei sehr schöne Schieferstücke mit charakteristischem, durch den Druck der Erruption entstandenen Muster finden – Garbenschiefer, richtige kleine gebundene Getreidegarben (Bild 4).

1 Rochlitzer Berg

2 Porphyr-Lehrpfad beim Seidelbruch

3 Rochlitzer Berg, Aussichtsturm Friedrich August

4 Garbenschiefer

5 Rochlitz, Schloss

FREUDE SCHÖNER GÖTTERFUNKEN ...

Der Weg zu den Ursprüngen dieser sich nach Beethovens Vertonung im Schlusschor seiner 9. Sinfonie zur Europahymne aufgeschwungenen Ode unseres Dichterfürsten Friedrich Schiller führt uns in den Bornaer Kreis, nach Gut Kahnsdorf (Bild 1). Stets bei knapper Kasse, nahm Schiller die Einladung des damaligen Gutsbesitzers, Kunstmäzens und Professors der Theologie an der Leipziger Universität Johann Christian Gottlieb Ernesti an und traf dort am 1. Juli 1785 den Schriftsteller und Juristen Christian Gottfried Körner, Vater des 1813 bei Gadebusch gefallenen Freiheitsdichters Theodor Körner. In freundschaftlicher Verbundenheit regte der alte Körner Schiller zum Schreiben einer Ode für die Freimaurerloge, der er vorstand, an, welche dann Schiller möglicherweise in Gohlis bei Leipzig zu schreiben begann. Denn dort logierte er nach Vermittlung des Verlegers Göschen beim Bauern Schneider von Mai bis September des Jahres (nun auch Gedenkstätte „Schillerhaus" mit Hinweistafel auf die Ode), um anschließend seinen neuen Freund Körner in Dresden bzw. dessen Loschwitzer Weinberghäuschen zu besuchen, wo er dann schließlich sein Werk ihm und – galanterweise – seiner Frau widmete. Also ein dritter Ort der Entstehung, und sicher trug Schiller den Zettel stets in der Westentasche, um dessen Inhalt bei passender Gelegenheit in erbaulicher Runde auf seine Wirksamkeit zu testen und zu vervollkommnen. Und hoffentlich muss er im aktuellen Genderwahn den bewussten Zettel nicht nochmal aus der Tasche ziehen, um die Zeile: „Alle Menschen werden Brüder ..." umzuschreiben.

Das alte Gutshaus in Kahnsdorf liegt jetzt idyllisch mit seinem Park am neu entstandenen Hainer (Tagebau-) See (Bild 3), lädt als „Schillercafé" im altehrwürdigen Flair zur Einkehr ein und gilt als Ausgangspunkt für das Erkunden der näheren Umgebung. Dabei sollte man in Borna unbedingt die 2007 von Heuersdorf infolge Überbaggerung durch die Schleenhainer Grube „en bloc“ umgesetzte Emmauskirche (Bild 2) besuchen, ein kulturhistorisches Kleinod gepaart mit einer ingenieurtechnischen Meisterleistung.

1 Gut Kahnsdorf

2 Borna, Heuersdorfer Emmauskirche

3 Kahnsdorf, Hainer See, Lagune

GUSTAV ADOLF, CHRIST UND HELD ...

... rettete bei Breitenfeld Glaubensfreiheit für die Welt. Wir alle kennen aus der Schule diese Zeilen, aber nur wenige haben sie vor Ort, nämlich auf dem 200 Jahre nach Beendigung dieses ewigen, dreißig Jahre dauernden, grausamen Krieges aufgestellten Denkmal (Bild 1, 2) selbst gelesen. Dies steht friedlich begrünt auf einem sanften Hügel am östlichen Ausgang des kleinen Dörfchens, hinter dem Gutspark (Bild 3), wo sich am 17. September 1631 die Führer der protestantischen Liga (unter Schwedenkönig Adolf) und die der katholischen (unter Tilly) mit insgesamt 74000 Mann trafen, 16000 Tote auf dem Schlachtfeld hinterließen sowie 11000 Gefangene und schließlich das Blatt nach zahlreichen Gemetzeln in ganz Europa zugunsten der ebenfalls vor knapp 100 Jahren durch Luthers Thesenanschlag in Wittenberg samt Bauernkrieg sich ausbreitenden neuen Lehren der Reformation wendeten. Ein Jahr darauf erfolgte bei Lützen der nächste vernichtende Schlag, in dem zwar der Schwedenkönig fiel, ein Sachse aber die Führung übernahm und siegte. Ja, so sind sie, die Sachsen! Ein Denkmal für den gefallenen König stellten diese allerdings später, als Lützen 1815 zu Preußen kam, nach Schinkels Entwurf auf, dem 1907 noch ein schwedischer Kapellenbau folgte (Bild 4). Es brauchte aber noch weitere 16 Jahre, weitere Kriegsteilnehmer, wie Frankreich, das einen Strauß mit Österreich auszufechten gedachte, und weiteres Blutvergießen, ehe 1648, dreißig Jahre nach dem Prager Fenstersturz als Auslöser, im Westfälischen Frieden von Münster allen Seiten Recht getan werden konnte.

Am Schluss war es wieder einmal nur ein als Religionskrieg deklarierter Kampf um Macht und Territorien – Schweden entschädigte sich für den Verlust seines Königs mit dem Einbehalt von Vorpommern und Bremen –, dessen Zeche die Bevölkerung zu zahlen hatte. Freund und Feind plünderten und mordeten gleichsam, weil der

„Krieg den Krieg zu nähren hatte", und Hungersnöte sowie Seuchen entvölkerten manche Gegenden auf ein Drittel. Welche Freiheit welchen Glaubens hat Gustav Adolf nun eigentlich gerettet? Und waren die Mittel verhältnismäßig?

1 Leipzig-Breitenfeld, Gustav-Adolf-Stein

2 Leipzig-Breitenfeld, Gustav-Adolf-Stein

3 Leipzig-Breitenfeld, Gutspark

4 Lützen, Gustav-Adolf-Denkmal

WASSER FÜR LEIPZIG

Bis 1866 bestand die städtische Trinkwasserversorgung aus öffentlichen Brunnen, die mittels Holzröhren aus dem Pleißemühlgraben gespeist wurden, was heute schon wegen dessen Verfüllung 1952 überhaupt nicht mehr ginge. Aber auch Bedarf und Qualität sind derartig angestiegen, dass sich die gewachsene Stadt einer ganzen Reihe von Wasserwerken bedient: Naunhof 1 und 2, Belgern, Thallwitz und Canitz.

Letzteres entstand am Rittergut Canitz (Bild 1) 1912 im Jugendstil (Bild 2) an der Mulde zwischen Eilenburg und Wurzen und deckt mit 225 Tiefbrunnen aus dem Ufereinfiltrat sowie durch eine 25 Kilometer lange Rohrleitung über die eigens erbaute Rohrbrücke (Bild 3) ein Drittel des Gesamtbedarfs an Trinkwasser Leipzigs. Da die Aufbereitungskosten infolge zunehmenden Schadstoffeintrags aus der Landwirtschaft enorm stiegen, wurde 1994 das Wassergut Canitz (Bild 4), welches das Gesamteinzugs- und Wasserschutzgebiet auf 750 Hektar Acker, dazu Grünland und Gehölze rein ökologisch bewirtschaftet, gegründet. Jetzt werden hier neben Trinkwasser Feldfrüchte wie Zuckerrüben, Grünerbsen, Getreide, Kartoffeln, Zwiebeln und Viehfutter sowie Rindfleisch aus einer Mutterkuhherde in höchster Qualität erzeugt.

Am Mulde-Radweg gelegen bietet Canitz aber auch eine Reihe anderer Sehenswürdigkeiten wie den im ehemaligen Rittergutsgelände angelegten „Park Canitz“ mit Natur- und Themengärten, Steinzeithäusern und -gärten, Museum, Ausstellungen und einem Grünen Klassenzimmer, oder man stattet in der Kirche im Nachbarort Nepperwitz Michael Fischer-Arts Altarbild (Bild 5) bzw. dem auf dem anderen Muldeufer liegenden Püchau (Schloss) einen Besuch ab.

1 Canitz, Rittergut

2 Canitz, Wasserwerk

3 Canitz, Rohrbrücke von 1912

4 Canitz, Wassergut

5 Nepperwitz, Kirche mit Altarbild von Michael Fischer-Art

DIE HOHBURGER SCHWEIZ

Neben der Helvetischen gibt es in Deutschland u.a. noch eine Sächsische, Märkische, aber auch eine Hohburger Schweiz. Dort, wo sich nordöstlich von Wurzen ein Höhenzug aus der Leipziger Tieflandsbucht heraushebt, am Löbenberg mit 240 Metern seine größte Höhe erreichend (Bild 1). Als es noch Winter gab bei uns, lockten Laufstrecken, ein Skihang und eine Naturrodelbahn nebst Zielgaststätte „Zur Rodelbahn" Tausende Leipziger in dieses kleine St. Moritz.

Geologisch vor 280 Millionen Jahren durch Vulkanismus entstanden, wurde der anstehende Pyroxen-Quarzporphyr in zahlreichen Brüchen, wie bei Böhlitz (Bild 2), insbesondere zur Schottergewinnung abgebaut. Das kleine Museum „Steinarbeiterhaus" (Bild 3) hinter der Hohburger Kirche stellt das schwere Leben und Arbeiten in der vorindustriellen Vergangenheit mit zahlreichen Exponaten dar und in Böhlitz finden wir noch als Gegenstück das Gutshaus eines „Steinbarons" (Bild 4), dem die Brüche gehörten.

Über Millionen Jahre gefallener schwefelsaurer Regen kaolinisierte, also zersetzte das Gestein zu weißem Ton, der noch als Mineralstoff gewonnen wird. Auch die Eiszeiten hinterließen interessante Spuren, wie die durch darüberschrammende Moränenmassen polierten Gletscher- oder nach Rückzug des Eises sandgestrahlten Windschliffe am Naumann-Heim-Felsen des Kleinen Berges (Bild 5) belegen.

Auch ohne Schnee bietet die kleine Hügellandschaft mit weiten Mischwäldern, Gipfelaussichten, dem Tal des Flüsschens Lossa und schmucken Dörfern mit – bei etwas Glück – einladend geöffneten Gasthöfen zu jeder Jahreszeit entspannte und lehrreiche Wanderwege.

1 Hohburger Berge

2 Steinbruch Böhlitz

3 Hohburg, Kirche und Steinarbeiterhaus

4 Böhlitz, Gutshaus aus dem 18. Jahrhundert

5 Horburger Berge, Windschliff am Naumann-Heim-Felsen

DER RIESE VON GROITZSCH

An der Bundesstraße 107 zwischen Eilenburg und Wurzen liegt nahe des Muldedörfchens Groitzsch mit seinem restaurierten, barocken Gutsensemble (Bild 1) vor einer Kiesgrube der Riese von Groitzsch, einer der größten mitteldeutschen Findlinge mit einem Volumen von 16,7 Kubikmetern und einem Gewicht von 43,4 Tonnen. Es ist ein feinkörniger Granitstein, ein Relikt der vor 100000 bis 250000 Jahren währenden Saalekaltzeit, das aus Skandinavien mit den Gletschermassen hierher transportiert, 1996 bei der Auskiesung aufgebracht und auf Grund seiner Größe als Naturdenkmal ausgewiesen wurde (Bild 2).

Dabei kennen wir die Geschichte der in der Landschaft verstreuten Findlinge noch gar nicht so lange. Noch der alte Goethe vermutete, dass sie durch Vulkanismus ausgestreut wären. Später, als man die Schubkraft der Alpengletscher erkannte, sollten sie von dort gekommen sein. Aber bis zu uns und gar bis nach Norddeutschland? Der schwedische Naturforscher Otto Torell, der in den Moränensanden auch Feuersteine und versteinerte Seeigel (Bild 3) fand, die er von Gotland und Rügen kannte, blickte deshalb nach Norden und legte 1875 vor der Deutschen Geologischen Gesellschaft in Berlin seine „Lehre der eiszeitlichen Vergletscherung Nordeuropas“ dar, wonach die Eismassen durch Ausbreitung der Polkappen herrührten – die gültige Eiszeittheorie. Eine interessante Sammlung verschiedener Gesteinsarten und Herkünfte liegt vor dem Steinertsberg bei Taucha (Bild 4): skandinavischer Granit, Rapakivigranit, seltener Porphyr, bunter Gneis, ein rügenscher Feuerstein und ein Rüdersdorfer Kalk, der den kürzesten Weg von Berlin bis hier zurücklegte. Viele bezeugen auch ihre Wegstrecke mit deutlichen Schliffspuren (Bild 5), wenn sie zuunterst und einen halben Kilometer Eis über sich Tausende von Kilometern über Land geschoben wurden.

1 Groitzsch, Gut

2 Der Riese von Groitzsch, Findling

3 Seeigel, Donnerkeile

4 Findlinge am Steinertsberg bei Taucha

5 Stein mit deutlichen Schliffspuren

■ **Wandern im Leipziger Land**
208 Seiten, Leipzig 2004,
ISBN 978-3-936508-07-9
13,00 €

An Leipzigs Ufern ■
256 Seiten Leipzig 2006
ISBN 978-3-9806474-6-5
13,00 €

Höhepunkte mit Ausblick ■
220 Seiten, Leipzig 2005
ISBN 978-3-936508-10-9
13,00 €

Aktiv durch Leipzig ■
120 Seiten, Leipzig 2007
ISBN 978-3-936508-26-0
5,00 €

Josef Fischer
■ **Auf dem Jakobsweg durch Sachsen, Sachsen-Anhalt und Thüringen**
126 Seiten, Leipzig 2021
978-3-949586-00-2 12,00 €

Leipzig und sein Umland erkunden und erleben ... mit Publikationen von *PRO* LEIPZIG!

Peter Benecken
■ **Parks & Gärten**
im Grünen Ring Leipzig
80 Seiten, Leipzig 2014
ISBN 978-3-945027-10-3
7,00 €

Wolfram Sturm

■ **Das schiffbare Leipzig**

72 Seiten, Leipzig 2017

ISBN 978-3-945027-29-5 11,00 €

■ **Quer durch Leipzig mit dem Rad**

288 Seiten, Leipzig 2006

ISBN 978-3-9807201-5-1

13,00 €

Zu Leipzigs Schätzen ■

344 Seiten, Leipzig 2006

ISBN 978-3-936508-16-1

13,00 €

■ **Wasserwanderkarte Leipzig und Umgebung**

Format 70 x 65 cm,

gefaltet 11,5 x 21 cm,

Leipzig 2021

ISBN 978-3-945027-28-8

9,00 €

Andreas Berkner (Hrsg.)

Auf der Straße der Braunkohle ■

504 Seiten, Leipzig 2016

ISBN 978-3-945027-09-7

16,00 €

***PRO* LEIPZIG** wurde Anfang 1991 gegründet und arbeitet seit 1993 gemeinnützig. Wir betreiben Stadt- und Reginalforschung, publizieren, setzen uns für behutsame und nachhaltige Entwicklungen in der Region ein und fördern umfassende Bürgerbeteiligung.

Buchbestellungen bitte per Mail an: **proleipzig@t-online.de,** über Tel.: **0341/980 1804** (Di. 10–14 Uhr und Do 13–17 Uhr) oder über den **E-Shop,** der über **www.proleipzig.eu** erreichbar ist. Unsere Titel sind auch über den Buchhandel erhältlich.

Neuerscheinung zur Geschichte der Leipziger Elster-Luppe-Aue

Michael Liebmann

■ **Wasser, Wald und Menschen**

Zur Geschichte der Leipziger Elster-Luppe-Aue
Herausgegeben vom Pro Leipzig e.V.
416 Seiten mit ca. 400 Abbildungen,
Festeinband, Format 22 x 28 cm, Leipzig 2023
ISBN 978-3-949586-02-6 36,00 €

Die Elster-Luppe-Aue ist ein Juwel der Natur aus Wasser, Wald und Wiesen mit einer einzigartigen Flora und Fauna. Sie erstreckt sich nordwestlich des Leipziger Stadtzentrums weit über die Stadtgrenzen hinaus bis zur Saale. Seit der Mensch an den Rändern der Aue zu siedeln begann, beeinflusst und verändert er diesen Naturraum. Auf Jahrtausende des Sammelns und Jagens folgten im Mittelalter größere Eingriffe, wie der Bau von Mühlgräben oder umfassende Holzeinschläge. Mit den Flussregulierungen und Eindeichungen des 19. und 20. Jahrhunderts versuchte sich der Mensch Raum und Sicherheit zu verschaffen, verursachte jedoch mit jedem Projekt neue Probleme und nahm der Aue Schritt für Schritt Leben. Basierend auf einer breiten Quellenbasis und reich illustriert, stellt der Autor erstmals umfassend die Geschichte des zunehmend gefährdeten Naturjuwels dar.